PANCRACIO

CHOC
OLATE
POSMO
DERNO

Pedro Álvarez y equipo
PANCRACIO

CHOCOLATE POSMODERNO

CHOCOLATE FÁCIL Y FABULOSO

NUEVAS RECETAS ESPECTACULARES

Grijalbo

Primera edición: noviembre de 2016

Printed in Spain – Impreso en España

ISBN: 978-84-16449-52-1
Depósito legal: B-19.702-2016

Impreso en Impuls 45
Granollers (Barcelona)

DO4952A

Penguin
Random House
Grupo Editorial

CONTENIDO

CHOCOLATE *Historia y origen*

El origen del chocolate nos lleva al Nuevo Continente, entre las antiguas tribus mayas, aztecas, incas..., que lo usaban, hace tres mil años, como alimento y como moneda.

Colón, en su cuarto viaje a América, fue obsequiado con un saco de semillas de cacao, sin embargo, no supo qué hacer con ellas y fueron olvidadas.

La difusión del cacao en Europa se la debemos a Hernán Cortés, quien, cuando en 1519 llegó a las costas de México, fue confundido con un dios (Quetzacoatl, dios de la sabiduría y el conocimiento, el cual, según la leyenda, mostró el fruto del cacao a los hombres y les enseñó a cultivarlo), y para agasajarlo como tal, le ofrecieron *xocolatl*, un brebaje hecho con cacao, maíz molido, vainilla y otras especias. Este chocolate se valoraba por sus propiedades energéticas y vigorizantes más que por su sabor. En España el consumo de chocolate, debido al alto precio del producto, quedó restringido al clero y a la nobleza.

A principios del siglo XVII la infanta española Ana de Austria, tras casarse con el rey Luis XIII de Francia, introdujo el chocolate en la corte de este país, donde tomarlo se convirtió en signo de distinción y elegancia.

A partir de aquel momento aumentaron las plantaciones de cacao en las distintas colonias, su precio se redujo y el consumo de chocolate fue en aumento. Desde entonces hasta ahora el chocolate ha ido utilizándose cada vez más, regalándonos recetas exquisitas, texturas insospechadas y sabores sublimes. Sin duda, el chocolate sigue siendo un placer divino.

EL ÁRBOL DEL CACAO

El cacao es un árbol tropical que se cultiva en regiones cálidas y húmedas, más o menos a 20° al norte y al sur del Ecuador. Originalmente, proviene de Venezuela y México, pero en la actualidad su cultivo se ha extendido a muchos otros países, como Madagascar, Ghana, Java, Trinidad o Brasil, entre otros.

El árbol del cacao florece a los cuatro años, y suele subsistir durante unos quince. Su fruto se conoce como vaina de cacao, cada una de las cuales contiene de treinta a cincuenta habas de cacao. Estas habas se componen de pasta y manteca de cacao y son la base del chocolate.

DEL ÁRBOL A LA TABLETA

Las habas de cacao se tuestan, con el fin de que se desarrollen todas sus cualidades aromáticas. Después se descascarillan y se muelen, y así se obtiene la pasta de cacao, que es el componente seco del chocolate, el que le proporciona el sabor. Esta pasta de cacao se somete a un proceso para neutralizar su acidez y se prensa para extraer la manteca de cacao, la sustancia que da al chocolate la textura suave y crujiente.

La pasta de cacao se mezcla con azúcar y diversos aromas, se refina y se somete al conchado, un procedimiento que permite obtener una emulsión perfecta. A continuación, se enfría y se moldea el chocolate en la forma deseada. Todo este proceso lo realiza un fabricante de chocolate, y el producto resultante es la tableta industrial o cobertura. Con esta, mediante procesos de fundido y atemperado y la receta genial de cada maestro chocolatero, se elaboran las distintas especialidades de chocolate, como las trufas, los bombones y diferentes clases de postres. Puro placer.

VARIEDADES DE CACAO

CRIOLLO: es la de mayor calidad. Representa apenas el 5 % de la producción mundial, y su fruto es un cacao sublime y delicado. Se cultiva a elevada altitud y a menudo se pierde gran parte de la cosecha. A partir de esta variedad, la más buscada por los grandes fabricantes de chocolate, se elaboran los mejores crus. Dependiendo de su país de origen, aporta diferentes matices de sabor y aroma a cada chocolate.

FORASTERO: de gran calidad y el más consumido. Supone el 75 % de la producción mundial, y sus semillas son muy resistentes.

TRINITARIO: es un híbrido de criollo y forastero; produce un cacao delicado con un alto contenido de grasa.

CHOCOLATE *Beneficios*

El chocolate despierta y activa todos los sentidos: solo olerlo puede llevarnos a un estado de placer y bienestar. Constituye una fuente de salud, pues aporta innumerables beneficios —tiene efectos antienvejecimiento, antidepresivos…—, proporcionados por sus apreciadísimos componentes, que son:

FLAVONOIDES: sustancias con propiedades antioxidantes que provienen de las plantas, con multitud de ventajas para el cuerpo; mejoran la presión sanguínea, alargan la vida y retrasan el envejecimiento. Uno de los flavonoides más estudiados es el fenol, cuyo consumo reduce la oxidación de las células, retardando, por tanto, su envejecimiento; un antiarrugas natural, pues es un arma eficaz para destruir los radicales libres.

SEROTONINA: cuando se consume chocolate se segrega esta hormona, que genera felicidad y bienestar, de ahí que se lo considere el mejor sustituto del amor.

VITAMINAS Y MINERALES: rico en vitaminas, el cacao es un alimento muy completo desde el punto de vista nutricional. Puesto que contiene minerales como el hierro, el chocolate puede ser aprovechado por nuestro organismo casi en su totalidad (el 93 %). ¿Qué te gusta más, el chocolate o las lentejas?

FENILETILAMINA: es un antidepresivo natural no adictivo que incrementa de forma natural los niveles de serotonina en el cerebro.

TEOBROMINA: un estimulante natural, al igual que el té y el café. Su funcionamiento es similar al de la cafeína, aunque su acción es más suave.

ÁCIDO ESTEÁRICO: no aumenta el colesterol LDL, el malo. La manteca de cacao se ha revelado como un eficaz reductor de los niveles de colesterol en sangre, en contra de la creencia popular, con un comportamiento similar al del aceite de oliva.

TODO BUENO, NADA MALO
El chocolate no ha gozado de buena prensa y se le han colgado numerosos sambenitos que no se ajustan a la realidad.

¿**Engorda?** Si se toma chocolate de buena calidad, de forma moderada y combinado con una dieta equilibrada, no engorda. El buen chocolate negro tiene poco azúcar, y también un índice glicémico bajo, lo que prolonga la sensación de saciedad durante más tiempo que aquellos alimentos con un índice glicémico elevado. Es un alimento altamente calórico, pero estudios recientes demuestran que baja los niveles de las hormonas que activan el hambre, especialmente si se toma con moderación después de comer.

¿**Provoca caries?** La mayoría de los dentistas están de acuerdo en que la cantidad de azúcar que contiene el chocolate es significativamente menos perjudicial que las golosinas en relación con la caries infantil.

¿**Produce acné?** No está probada científicamente la relación entre la ingesta de chocolate y esta erupción cutánea.

¿**Favorece la celulitis?** Las golosas están de enhorabuena. Hartas de escuchar que el chocolate engorda, resulta que ahora se usa para adelgazar. En serio. El cacao usado externamente tiene una gran capacidad para activar el proceso de lipólisis y potenciar el proceso natural de eliminación de las grasas, por lo que no es extraño que se incluya en productos anticelulíticos.

FUENTE DE SALUD PARA EL CORAZÓN
Según varios estudios realizados últimamente, el consumo diario de entre 6 y 8 gramos de chocolate negro de buena calidad ayuda a proteger al corazón de enfermedades cardiovasculares.

REMEMORA RECUERDOS ENTRAÑABLES
Existe una curiosa teoría que explica por qué el chocolate es apreciado por casi todos los niños, y es que, en cuanto a la composición química y molecular, el chocolate, especialmente el chocolate blanco, es muy parecido a la leche materna. Por eso, al comer chocolate, tenemos más cerca al niño que fuimos.

AFRODISÍACO
Al chocolate se le atribuyen, eso sí, sin estudios científicos concluyentes, propiedades afrodisíacas, esas que llevaron a Casanova a calificarlo de «elixir del amor».

TÉCNICAS BÁSICAS

REPOSTERÍA *Técnicas*

Presentamos algunas técnicas básicas de repostería que te pueden servir de ayuda.

INCORPORAR CLARAS O NATA MONTADAS A MEZCLA
Incorporar a la mezcla la nata o las claras siempre de forma suave y envolvente, con una espátula de goma, primero un tercio del total y el resto, en dos veces, hasta que todo quede bien integrado. Cuando sea preciso incorporar natas y claras, las claras se agregan al final. El objetivo es que pierdan la menor cantidad de aire posible para que la mezcla quede ligera y espumosa.

TAMIZAR
Pasar los ingredientes por un colador o tamiz hasta que queden sueltos y finos.

DESMOLDAR
No desmoldar nunca en caliente, pues puede romperse la preparación.
Respetar siempre los tiempos o técnicas de enfriado de las recetas.

AGITAR
Mover con fuerza una preparación.

BATIR
Mezclar enérgicamente con un tenedor o unas varillas manuales o eléctricas un preparado hasta emulsionarlo por completo.

MONTAR
Batir a alta velocidad con las varillas eléctricas, para incorporar aire a un líquido y hacer que aumente su volumen y su consistencia.
Si son claras, montarlas en un bol grande y muy limpio (cualquier resto de grasa impedirá que suban). Estarán montadas cuando al retirar las varillas se formen picos suaves o firmes, según se desee.
No sobrepasar el tiempo de montado porque las claras se cortarán y la nata se convertirá en mantequilla.

CONSERVACIÓN
El chocolate no debe guardarse en el frigorífico —salvo en casos de extremo calor—, sino en un lugar seco y fresco, al amparo del calor y de la humedad excesiva.

TEMPERATURA Y HUMEDAD
La temperatura idónea de conservación del chocolate es de entre 16 ºC y 18 ºC, y la humedad relativa, del 50 %.

VIDA
El chocolate blanco o negro se puede conservar hasta un año y medio, mientras que el chocolate con leche suele perder sabor a los seis meses.

TEXTURA
El chocolate, fuera de su envoltura, debe presentar una textura firme y un color reluciente y romperse limpiamente, dando un corte mate sin señales de estallido de burbujas ni manchas blancas.

CHOCOLATE *Fundido*

BAÑO DE VAPOR

Una técnica muy usada en repostería que no hay que confundir con el baño María. Para la repostería es la mejor: tanto el chocolate como los ingredientes que habitualmente se mezclan con él (mantequilla, nata, leche...) mantienen su estructura y no se corrompen.

CALENTAR dos dedos de agua en un cazo pequeño. Sobre él, sin que toque el agua, encajar un bol con el chocolate troceado y removerlo hasta que se funda.

BAÑO MARÍA

Similar al baño de vapor, solo que el agua está en contacto con el recipiente donde se funde el chocolate. Se recomienda hacer el baño María siempre suave, a baja temperatura, para que el chocolate mantenga su estructura.

CALENTAR agua en un cazo mediano. Poner sobre el agua un bol o recipiente con el chocolate troceado y removerlo hasta que se funda.

MICROONDAS

Es un utensilio rápido y cómodo que debe usarse con cuidado, ya que se corre el peligro de quemar el chocolate.

COLOCAR un recipiente con el chocolate troceado y ponerlo en el microondas, en el modo de descongelación, un par de minutos, abriendo de vez en cuando para remover, hasta que el chocolate se funda.

ATEMPERADO

Es una técnica profesional muy usada para que el chocolate quede sólido y brillante. Cuando el chocolate está en los rangos de temperatura abajo mencionados, se dice que está atemperado y es perfecto para bañar, cubrir o moldear, produciendo un resultado de brillo impecable y de textura óptima.

FUNDIR el chocolate según la técnica deseada, elevando la temperatura del chocolate a 50 °C, ayudándote de un termómetro digital. Retirar del calor y remover con la espátula de goma para bajar la temperatura, a 32-33 °C si es negro y a 31-32 °C si es blanco o con leche y proceder para el bañado o cobertura.

EQUIPO *y utensilios*

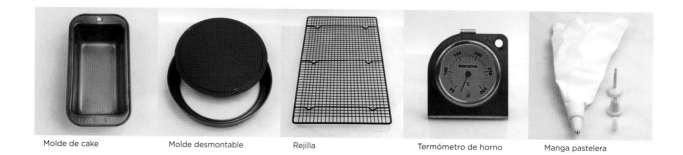

Molde de cake   Molde desmontable   Rejilla   Termómetro de horno   Manga pastelera

APARATOS

Batidora manual o de vaso
Varillas eléctricas
Robot de cocina o picadora
Heladera
Soplete

MOLDES

De silicona, porcelana o metal
Rectangular o de cake
Redondo desmontable
Cuadrado o rectangular
Ramequines o sufleteras
De panettone
Moldes con formas
Aros metálicos

UTENSILIOS

Termómetro de horno
Espátula de goma
Colador o tamiz
Boles de cocina
Manga pastelera
Cuchara de madera
Papel de horno o encerado
Varillas para montar
Vaso medidor
Pincel de cocina
Rallador
Sacabolas de helado
Pelaverduras
Paños de cocina

Cortadores redondos

Baño de vapor

Varillas manuales

Espátula de goma

Pincel

medidora

Moldes de soufflé

e desmontable con apertura

Molde muffin

Varillas eléctricas

INGREDIENTES *básicos*

HARINA
Lo recomendable es usar harina de trigo especial para repostería. En algunas recetas puedes encontrar:

Harina de fuerza: es de un tipo especial de trigo que proporciona mayor elasticidad y estabilidad a las masas. Tiene mayor capacidad de absorción de líquidos y es ideal para masas esponjosas.

Harina con levadura: es una harina mezclada con levadura.

Harina de maíz: harina tipo maicena.

AZÚCAR
Siempre es mejor, aunque no lo especifique la receta, utilizar azúcar glas.
En caso de que no dispongas de él, puedes hacerlo fácilmente pasando azúcar blanco por la picadora o robot.

MANTEQUILLA
Perfecta para mezclar con chocolate (mejor que la margarina), sobre todo si es de primera calidad.
Lo mejor es usarla a temperatura ambiente, sobre todo para batirla con las varillas eléctricas.

HUEVOS
Siempre de tamaño grande y mejor a temperatura ambiente.

LICOR
En muchas recetas se utiliza un licor, a elegir entre distintas posibilidades. Algunos combinan maravillosamente bien con el chocolate, como el vodka, el armagnac, el amaretto o el ron, entre otros.

QUESOS
Para repostería son ideales los quesos cremosos como el mascarpone o el quark, y quesos crema, tipo Philadelphia.

NATA
Es fácil encontrarla líquida o espesa, según sea para montar o para cuando quieras conseguir una gran cremosidad.

VAINILLA
Se vende vainilla en vaina, esencia pura de vainilla o azúcar vainillada. En las recetas se especifica la cantidad necesaria y el tipo de producto requerido.

PASTA BRIK
Es un tipo de masa ultrafina que se puede modelar y rellenar, con un resultado sutil y crujiente. Similar a la pasta filo, aunque más manejable.

CHOCOLATE *Glosario*

CHOCOLATE
Mezcla de cacao, manteca de cacao y azúcar.

CACAO EN POLVO
Polvo amargo obtenido del haba de cacao tostada y sometida a presión para extraerle gran parte de la grasa o manteca de cacao.

MANTECA DE CACAO
Grasa contenida en el haba de cacao y que constituye la mitad del peso de esta.

PEPITAS DE CACAO
Semillas del interior de la vaina del árbol del cacao y que son procesadas para obtener el chocolate.

PASTA DE CACAO
Trocitos de pepita que han sido molidos en una pasta, combinando los sólidos de cacao y la manteca de cacao.

COBERTURA
Es el término usado para describir un chocolate acabado, especialmente indicado para bañar y moldear porque contiene más manteca de cacao, al menos un 30 %.

PORCENTAJE
Anotado siempre en las etiquetas de los chocolates, indica la proporción de sólidos de cacao y de manteca de cacao que dicho chocolate contiene.

CHOCOLATE AMARGO
Chocolate de pronunciado sabor amargo, debido a que contiene como mínimo un 60 % de cacao.

CHOCOLATE NEGRO
Chocolate que contiene como mínimo de un 43 % de cacao y aproximadamente un 26 % de manteca de cacao.

CHOCOLATE CON LECHE
Chocolate compuesto por entre un 25 y un 30 % de cacao, y un 14 % de materia grasa seca procedente de la leche.

CHOCOLATE BLANCO
Chocolate que debe su color a la ausencia de cacao; solo contiene manteca de cacao. Tiene además un 14 % de leche y un 55 % de azúcar y vainilla.

MOKA
Se conoce así a la mezcla de café y chocolate.

PRALINÉ
Es la mezcla sólida de caramelo y frutos secos molidos. Se dice que un chocolatero belga del siglo XVII lo creó accidentalmente cuando se le derramó caramelo sobre almendras molidas.

GIANDUJA
Es un praliné al que se añade chocolate.

PARA EMPEZAR *Mise en place, paciencia y fe*

Estas son las reglas de oro que debes cumplir antes de comenzar:

MISE EN PLACE, todo por delante. Un término característico de la cocina francesa que ha sido adoptado por chefs de todo el mundo y que significa, ni más ni menos, tener todo preparado antes de empezar, y la mesa donde vas a trabajar equipada con todos los utensilios e ingredientes necesarios.

LEER la receta entera y las técnicas básicas que se usen, y hacer la lista de lo que te haga falta.

ELEGIR siempre ingredientes de primera calidad, sobre todo el chocolate: el de 70 % es el ideal para repostería.

PESAR los ingredientes con las cantidades precisas. Para ello te recomendamos que consigas un peso digital, el que usan los profesionales.

TAMIZAR los ingredientes secos. Es muy importante a la hora de incorporar las mezclas.

ENGRASAR los moldes y enharinarlos en algunos casos. Puedes ayudarte de un pincel con mantequilla, y espolvorear el molde con harina después.

PRECALENTAR el horno. Es un paso fundamental. El horno correctamente precalentado es una garantía: las masas harinosas no quedan secas ni duras, los hojaldres se esponjan y los bizcochos suben y se cuecen en su punto, sin quemarse por fuera ni quedar crudos por dentro. Los hornos no son todos iguales, así que es básico que conozcas bien el tuyo. Por eso, los tiempos de horno de nuestras recetas, si bien son fieles, deben servirte como orientación.

Aunque tu horno tenga termostato, lo ideal es que adquieras un termómetro de horno con el que puedas medir la temperatura con exactitud (*véase el capítulo de «Equipo y utensilios»*).
Se considera temperatura baja hasta 160 °C, media hasta 180 °C, y fuerte de 190 °C a 220 °C.

PREPARAR la bandeja del horno. Lo idóneo es colocar siempre la bandeja en la parte media del horno. No precalientes el horno con la bandeja dentro. Para tartas y cakes lo mejor es usar la rejilla.

PACIENCIA Y FE
Es difícil que una receta salga perfecta a la primera. Las nuestras son tan fáciles que seguramente lo conseguirás, y te encantará investigar y hacer tus propias versiones.

Disfruta de cada receta. Saldrá bien. Empecemos.

BÁSICOS Y CLÁSICOS

BAÑOS

Nada más espectacular para vestir un postre que un delicioso y brillante baño de chocolate. Un baño de éxito.

BAÑO ESPEJO

EQUIPO
Cacerola
Colador

INGREDIENTES
7 g de gelatina en láminas
100 ml de agua
170 g de azúcar
75 g de cacao amargo
90 ml de nata

ABLANDAR la gelatina en agua fría.
COMBINAR en una cacerola el cacao, el agua, el azúcar y la nata, y dejar hervir un minuto.
AÑADIR la gelatina ablandada y escurrida y dejar la preparación toda la noche en el refrigerador.
CALENTAR el baño a 37 °C y verterlo sobre el postre cuando ya esté frío.

FRESAS BAÑADAS *en chocolate*

EQUIPO
Bol de cristal
Cazo
Papel de horno o encerado

INGREDIENTES
De 2 a 3 docenas de fresas medianas o grandes, enjuagadas y bien secas
4 cucharaditas de mantequilla o de aceite vegetal neutro (por ejemplo, de girasol)
170 g de chocolate negro, con leche o blanco, cortado en trozos medianos

COLOCAR un bol sobre un cazo de metal con agua hirviendo (el agua no debe tocar el fondo del bol).
MEZCLAR en el bol el chocolate y la mantequilla o aceite y fundirlos juntos, removiendo con frecuencia. Cuando el chocolate esté casi derretido, retirarlo del fuego y seguir removiendo hasta que esté completamente fundido y mezclado.
BAÑAR cada fresa hasta la mitad o más en el chocolate y dejar escurrir el exceso. Si el chocolate se vuelve demasiado espeso, colocarlo de nuevo encima del agua hirviendo para volver a fundirlo.
PONER las fresas bañadas en chocolate sobre un papel de horno.
REFRIGERAR las fresas unos 30 minutos, o hasta que la cobertura de chocolate esté sólida.
CONSUMIR las fresas preferentemente en las 8 horas siguientes a su preparación, aunque pueden guardarse hasta 24 horas. Llevarlas a temperatura ambiente antes de servirlas.

Baño espejo

BASES BÁSICAS

Un clásico bizcocho y una base cruda de cheesecake o de una *american pie* tradicional, ambas de chocolate. Valen para mucho.

BASES CRUDAS DE CHOCOLATE *para cheesecake*

OPCIÓN 1
EQUIPO
Robot de cocina
Papel de horno o encerado

INGREDIENTES
250 g de galletas de chocolate (tipo Graham Crackers)
50 g de mantequilla fundida

ENGRASAR la base de un molde de los que se abren y forrarla con papel de horno.
TRITURAR las galletas, preferiblemente en el robot de cocina, hasta que quede como «arena». Añadir la mantequilla sin dejar de moler, hasta que esté todo bien mezclado.
PONER la mezcla de galletas en la base del molde, presionando para que quede una base homogénea. Refrigerarla durante 30 minutos.

NOTA: Los crackers de chocolate son muy populares en Estados Unidos. Aquí se venden en los supermercados, con formas de animales o los personajes de Los Simpson.

BIZCOCHO BÁSICO *al chocolate*

EQUIPO
Molde grande de la forma que se prefiera: redondo, de cake...
Varillas eléctricas
Espátula de goma
Bol
Cazo

INGREDIENTES
4 huevos
125 g de azúcar
65 g de harina
40 g de mantequilla, a temperatura ambiente
Una pizca de sal
30 g de cacao
1 cucharadita de esencia de vainilla (opcional)

PRECALENTAR el horno a 170 ºC.
ENGRASAR y enharinar el molde.
TAMIZAR juntos la harina, la sal y el cacao.
MEZCLAR aparte la mantequilla y la vainilla.
BATIR con las varillas eléctricas los huevos y el azúcar en un bol.
COLOCAR el bol, sin dejar de batir, sobre un cazo con un dedo de agua en ebullición suave. Cuando la mezcla de huevo esté ligeramente templada al tacto, retirarla del calor y seguir batiendo hasta que triplique su volumen y tenga un color pálido.
INCORPORAR la mezcla de harina a la de huevos con movimientos suaves y envolventes y, a continuación, agregar la de mantequilla y vainilla.
VERTER la preparación en el molde.
HORNEAR el bizcocho durante 20 o 25 minutos o hasta que esté firme al tacto.

ocho básico al chocolate

GANACHE *y usos*

La ganache o trufa es la base por excelencia de la repostería con chocolate, una mezcla o emulsión de nata y chocolate, o de nata, chocolate y mantequilla, que se usa en multitud de recetas con numerosas variantes. Se le pueden añadir distintos sabores o perfumes que le aportan una nota sutil y diferenciadora.

GANACHE *básica*

EQUIPO
Cazo
Bol
Espátula de goma
Robot de cocina

INGREDIENTES
250 ml de nata
250 g de chocolate negro, blanco o con leche en trocitos
65 g de mantequilla, a temperatura ambiente (opcional)

MÉTODO CLÁSICO
FUNDIR en un baño de vapor (*véase el capítulo de «Técnicas básicas»*) el chocolate en trocitos con la nata. Remover hasta que quede una mezcla suave y homogénea.
AÑADIR la mantequilla si se desea un resultado más intenso.

MÉTODO ROBOT
Un método muy práctico, usando un robot de cocina o una picadora.

PONER el chocolate en trocitos en el robot y picarlo hasta pulverizarlo.
LLEVAR la nata a ebullición en un cazo.
VERTER una pequeña parte de la nata sobre el chocolate por el orificio del robot y pulsar para emulsionarlo. Agregar el resto de la nata y seguir batiendo.
AÑADIR por último los trocitos de mantequilla sin dejar de batir.

GANACHE *al agua*
Por increíble que parezca, el resultado es delicioso, además de menos calórico. Pruébalo y verás.

EQUIPO

INGREDIENTES
250 ml de agua, té o café
250 g de chocolate negro

FUNDIR en un baño de vapor el chocolate en trocitos. Removerlo de vez en cuando hasta que se derrita por completo.
AÑADIR el agua gradualmente, hasta que quede una mezcla homogénea y consistente.

NOTA: Ambas recetas son para una ganache ni muy líquida ni muy densa. Si deseas una ganache más firme, añade más chocolate o resta nata, y al revés si lo que quieres es una ganache más líquida.

ganache básica

GLASEADOS

Los glaseados son baños ligeramente brillantes con los que lograrás una cobertura impecable en tus recetas favoritas. Todo un clásico.

GLASEADO DE CHOCOLATE NEGRO

EQUIPO
Bol
Cazo
Varillas

INGREDIENTES
100 g de chocolate negro
100 g de azúcar glas
25 g de mantequilla
15 ml de agua

FUNDIR el chocolate y la mantequilla en un baño de vapor.
AÑADIR el azúcar glas y el agua y remover bien con las varillas hasta obtener una mezcla homogénea.
UTILIZAR el glaseado a conveniencia.

GLASEADO DE CHOCOLATE BLANCO

EQUIPO
Boles
Cazo
Varillas

INGREDIENTES
100 g de chocolate blanco
100 g de azúcar glas
20 ml de agua

FUNDIR el chocolate en un baño de vapor.
BATIR con las varillas en otro recipiente el azúcar y el agua.
MEZCLAR las dos preparaciones hasta que quede una crema homogénea.
USAR el glaseado a conveniencia.

GLASEADO DE ARÁNDANOS

EQUIPO
Robot de cocina

INGREDIENTES
140 g de azúcar glas
125 g de arándanos
25 ml de leche entera
1 hoja de gelatina
1 cucharadita de esencia de vainilla

TRITURAR los arándanos con el robot de cocina.
EMPAPAR la hoja de gelatina en agua fría durante 1 minuto aproximadamente, o hasta que se ablande.
AÑADIR a los arándanos el azúcar, la leche, la esencia y la gelatina.
BATIR la mezcla hasta que quede homogénea.
USAR el glaseado a conveniencia.

seado de arándanos

MOUSSES

Si te falta tiempo para cocinar pero quieres sorprender, aquí tienes dos recetas fáciles, rápidas y exquisitas. Dos ligeras y sensuales nubes de tus chocolates favoritos.

MOUSSE BASE *de nata*

EQUIPO
Boles
Cazo
Espátula de goma
Varillas eléctricas
Manga pastelera

INGREDIENTES
375 g de chocolate blanco o negro
250 ml + 375 ml de nata
1 sobre de gelatina neutra (tipo Royal)
2 cucharadas de agua
Lascas de chocolate blanco, moras o granos de granada

10 personas

TROCEAR finamente el chocolate y fundirlo en un bol al baño de vapor o en el microondas (*véase el capítulo de «Técnicas básicas»*).
PONER el agua en un bol pequeño y espolvorear sobre ella la gelatina. Remover y reservar.
CALENTAR en un bol 250 ml de nata hasta que esté templada.
AÑADIR la gelatina a la nata, removiendo hasta que la gelatina se haya disuelto por completo.
INCORPORAR la mezcla de nata al chocolate y dejarlo enfriar.
MONTAR el resto de la nata hasta que se formen picos firmes e incorporarla, haciendo movimientos suaves y envolventes con una espátula de goma, a la mezcla de chocolate previamente enfriada.
SERVIR la mousse en copas, mejor con la manga pastelera, y adornarla con lascas de chocolate blanco, moras o granos de granada.

MOUSSE DE CHOCOLATE *con té Earl Grey o Chai*

EQUIPO
Cazo
Bol
Varillas eléctricas
Espátula de goma

INGREDIENTES
125 ml de agua
1 cucharadita de té Earl Grey o Chai
200 g de chocolate (70 %), troceado
4 huevos
Cardamomo (opcional para decorar)

6 personas

PREPARAR el té en 125 ml de agua hirviendo.
FUNDIR el chocolate en un baño de vapor y añadirle el té lentamente, removiendo para que quede una mezcla homogénea. Dejarla enfriar un poco.
BATIR las yemas de los huevos e incorporarlas a la mezcla de chocolate.
MONTAR las claras con ayuda de las varillas eléctricas hasta que se formen picos suaves.
INCORPORAR una cuarta parte de las claras montadas a la mezcla de chocolate, con movimientos suaves y envolventes, hasta que se forme una crema esponjosa y aireada. Añadir el resto de las claras cuidadosamente.
REPARTIR la mousse en tazas de 250 ml aproximadamente.
REFRIGERAR toda la noche antes de servirla.
DECORAR con cardamomo molido si se desea.

Mousse de chocolate con té Earl Grey

SALSAS I

CURD DE LIMÓN *y mousse de chocolate blanco*

Este curd o crema de limón es exquisito. Ideal como relleno para cakes y tartas, top para helados o merengues o simplemente acompañado de mantequilla o muffins. Puedes acompañarlo con un suave y refrescante mousse de chocolate blanco. Una combinación deliciosa, *acúrdate*.

EQUIPO
Rallador
Cazo pequeño
Cazo mediano
Cuchara de madera
Boles
Espátula de goma
Varillas eléctricas

INGREDIENTES
Para el curd de limón
3 limones
220 g de azúcar
110 g de mantequilla
3 huevos ligeramente batidos

Para el mousse de chocolate blanco
Véase receta en página 30

Para decorar
Lascas de chocolate blanco
Piel de limón cortada finamente en juliana

10 personas

Para el curd
RALLAR finamente la piel de uno de los limones, previamente lavado y secado.
CALENTAR en un cazo pequeño a fuego muy lento la ralladura de limón, el azúcar y la mantequilla, removiendo con una cuchara de madera hasta que el azúcar y la mantequilla se hayan fundido.
EXPRIMIR los tres limones.
AÑADIR el zumo de los limones y los huevos a la mezcla del cazo y continuar cociendo la crema a fuego lento, removiendo constantemente hasta que se espese y se pegue a la cuchara, sin dejar que rompa a hervir.
VERTER la crema en tarritos y dejarla enfriar a temperatura ambiente. Se conserva en la nevera hasta un mes.

Para el mousse de chocolate blanco
TROCEAR finamente el chocolate y fundirlo en un bol al baño de vapor o en el microondas.
PONER el agua en un bol pequeño y espolvorear sobre ella la gelatina. Remover y reservar.
CALENTAR en un bol 250 ml de nata hasta que esté templada.
AÑADIR la gelatina a la nata, removiendo hasta que la gelatina se haya disuelto por completo.
INCORPORAR la mezcla de nata al chocolate y dejarlo enfriar.
MONTAR el resto de la nata hasta que se formen picos firmes e incorporarla, haciendo movimientos suaves y envolventes con una espátula de goma, a la mezcla de chocolate previamente enfriada. Refrigerar mínimo 4 horas.
SERVIR el curd de limón en el fondo de un vaso o copa. Añadir la mousse de chocolate blanco, mejor con la ayuda de una manga pastelera. Adornar con lascas de chocolate blanco y con la piel de limón cortada en juliana muy fina.

COULIS *de frambuesa*

EQUIPO
Bol
Tenedor o cuchara
Batidora
Colador

INGREDIENTES
300 g de frambuesas
100 g de azúcar glas

PONER las frambuesas en un bol con el azúcar.
MEZCLAR enérgicamente con una cuchara o tenedor.
BATIR la mezcla con la batidora, añadiendo un poco de agua si se quiere un coulis un poco más ligero.
COLAR el coulis para quitarle las semillas.

Curd de limón y mousse de chocolate blanco

SALSAS II

SALSA *de caramelo*

EQUIPO
Cazo
Pincel
Cuchara de madera

INGREDIENTES
200 g de azúcar
50 ml de agua
125 ml de nata

CALENTAR en un cazo a fuego medio el azúcar
con el agua, removiendo de vez en cuando con una
cuchara de madera hasta que se disuelva el azúcar.
SEGUIR cociendo la mezcla durante 5 minutos, o
hasta que hierva y adquiera un tono dorado, sin
parar de removerla con un pincel mojado para que
no cristalice. Retirar el caramelo del calor.
VERTER con cuidado la nata sobre el caramelo,
removiendo enérgicamente.

IMPORTANTE: debe trabajarse con extremo
cuidado, ya que el caramelo alcanza temperaturas
muy elevadas.

NOTA: Si le añades ½ cucharadita de sal, puedes
convertir esta salsa en una salsa de caramelo
salada. Para que sea más sabrosa e intensa,
hazla sin sal, pero sustituyendo una parte
de la nata por la misma cantidad de mantequilla
salada. Para hacer una salsa de caramelo
quemado, puedes cocer más el caramelo
para darle un punto más oscuro. Si deseas
una salsa de caramelo con chocolate,
añádele unos 50 g de chocolate fundido.

SIROPE *de chocolate*

EQUIPO
Cazo
Cuchara de madera
Tarro hermético

INGREDIENTES
90 ml de agua
300 g de azúcar
95 g de cacao en polvo
1 cucharadita de vainilla
2 cucharadas de jarabe de maíz o 40 g de azúcar
   invertido o miel (cambia el sabor un poco)
20 g de mantequilla con sal

CALENTAR en un cazo todos los ingredientes
menos la mantequilla y remover hasta obtener
una mezcla homogénea y brillante.
DEJAR enfriar la mezcla hasta que esté templada.
AÑADIR la mantequilla y removerlo todo hasta
que se integre bien.
DEJAR enfriar el sirope y pasarlo a un tarro
hermético.

Salsa de caramelo

TOPS CREMOSOS

Para rellenar tartas, para hacer coberturas o para tomarlas como quieras, estas son nuestras mejores cremas. *La crème de la crème.*

TOP CREMOSO *de chocolate blanco*

EQUIPO
Varillas eléctricas
Espátula de goma

INGREDIENTES
300 g de queso cremoso light (tipo Philadelphia), a temperatura ambiente
150 g de chocolate blanco, fundido en un baño de vapor

BATIR un poco el queso cremoso con las varillas eléctricas.
AÑADIR poco a poco el chocolate blanco fundido. Continuar batiendo hasta que se forme una crema suave y homogénea.
EXTENDER la crema sobre la superficie del cake con ayuda de la espátula de goma.

TOP CREMOSO *de frambuesas*

EQUIPO
Cazo
Colador
Varillas eléctricas

INGREDIENTES
300 g de queso cremoso light (tipo Philadelphia), a temperatura ambiente
150 g de chocolate blanco, fundido en un baño de vapor
100 g de frambuesas
45 g de azúcar
1 cucharada de agua

Para la pasta de frambuesa
CALENTAR en un cazo las frambuesas, el azúcar y el agua hasta que la mezcla se reduzca y tenga una textura de sirope.
BATIR la mezcla y colarla.

Para la crema
BATIR un poco el queso cremoso con las varillas eléctricas.
AÑADIR poco a poco el chocolate blanco fundido al queso batido.
AGREGAR la pasta de frambuesa y continuar batiendo hasta obtener una crema suave y homogénea.

TOP CREMOSO *red velvet*

EQUIPO
Varillas eléctricas

INGREDIENTES
335 g de queso cremoso (tipo Philadelphia), a temperatura ambiente
225 g de mantequilla, a temperatura ambiente
½ yogur griego
3 cucharaditas de esencia de vainilla (opcional)
600 g de azúcar glas

BATIR con las varillas eléctricas el queso cremoso, la mantequilla, el yogur griego y la vainilla, si se usa, hasta que se forme una mezcla aireada y pálida.
INCORPORAR gradualmente el azúcar glas.
RELLENAR y cubrir los bizcochos con la crema y dejarlos enfriar en la nevera unas horas.
DECORAR los bizcochos con frutas del bosque (frambuesas, moras, arándanos) y servirlos.

Top cremoso de chocolate blanco

FIESTAS Y MERIENDAS

Delicioso postre mediterráneo hecho con pasta filo y frutos secos, que hemos versionado para ti con chocolate. Un viaje de puro gozo: de Algeciras a Estambul.

BAKLAVA *de chocolate*

EQUIPO
Molde rectangular
Espátula de goma
Pincel de cocina
Robot de cocina
Cazo
Cuchillo

INGREDIENTES
70 ml de miel
50 ml de agua
1 rama de canela
Ganache de chocolate
Véase receta en página 26
50 g de almendras
50 g de pistachos
50 g de avellanas
50 g de nueces
1 cucharadita de canela
Una pizca de sal
16 láminas de pasta filo
115 ml de mantequilla

CALENTAR en un cazo la miel, el agua y la rama de canela durante unos 10 minutos, removiendo de vez en cuando.

PRECALENTAR el horno a 175 °C.

TRITURAR todos los frutos secos, junto con la canela y la sal, en un robot de cocina hasta que queden reducidos a trocitos pequeños.

DERRETIR la mantequilla.

COLOCAR una lámina de pasta filo del tamaño del molde y untarla de mantequilla con el pincel. Repetir la operación con otras 4 láminas, una encima de la otra.

EXTENDER un par de cucharadas de ganache de chocolate sobre la pasta filo.

ESPARCIR encima de la ganache la mitad de los frutos secos picados.

DISPONER otras 5 láminas de pasta filo con mantequilla, tal como se ha hecho con las anteriores.

VOLVER a extender la ganache y los frutos secos sobre la pasta filo.

TERMINAR el montaje con otras 6 láminas de pasta filo pinceladas con mantequilla derretida.

CORTAR la baklava en cuadrados del tamaño que queramos servir.

PONER el molde en el horno durante media hora, o hasta que la baklava esté dorada.

SACAR la baklava del horno y rociarla con la mezcla de miel y agua (retirando la rama de canela).

ENFRIAR la baklava por completo antes de servirla.

Si lo de cocinar en microondas quedó en tu memoria de los ochenta junto con Modern Talking o Los Pegamoides, aquí tienes una forma de revivirlo. Sorprende a quien quieras con un increíblemente fácil y delicioso bizcocho de chocolate hecho en un tiempo récord. A quién le importa.

BIZCOCHO *en ocho*

EQUIPO
Plato hondo o molde de vidrio poco profundo de 20 cm de diámetro, apto para microondas
Bol apto para microondas
Espátula de goma
Varillas manuales o eléctricas
Papel de horno o encerado

INGREDIENTES
100 g de chocolate negro (70 %)
100 g de mantequilla
100 g de azúcar moreno
100 g de harina con levadura
2 cucharadas de cacao puro en polvo (opcional)
2 huevos batidos
Nata ligeramente montada o mermelada de frutos rojos (opcional)

ENGRASAR el plato o molde y cubrir las paredes del mismo con papel encerado.
DISPONER el chocolate y la mantequilla en el bol.
FUNDIR el chocolate y la mantequilla en el microondas a la máxima potencia durante 1 minuto. Sacar el bol y mezclar con espátula de goma.
INCORPORAR removiendo con las varillas manuales o eléctricas el resto de los ingredientes a la mezcla anterior.
VERTER la masa en el molde preparado.
HORNEAR el bizcocho en el microondas a media potencia durante 6 minutos, o hasta que esté listo.
DEJAR enfriar un poco el bizcocho y espolvorearlo con cacao puro (si se usa).
SERVIR templado con nata ligeramente montada o mermelada de frutos rojos (si se usa).

NOTA: El fundido en microondas, es un método rápido y cómodo que debe aplicarse con cuidado, ya que se corre el peligro de quemar el chocolate. Abre de vez en cuando el microondas para remover, hasta que el chocolate se funda. Los tiempos de esta receta son para un microondas de 800 W; ajústalos si tu microondas tiene otro voltaje: a más o menos potencia, menos o más tiempo.

Deliciosos cakes de chocolate con cobertura de chocolate blanco y sabor a fresa y naranja. Perfectos para llevárselos de forma inesperada a quien más quieres un día cualquiera. Hago pop y aparezco a tu lado.

CHOCOCAKE POPS

EQUIPO
Molde cuadrado de 20 x 20 cm
Boles
Varillas eléctricas o manuales
Batidora
Espátula
Cazo
Palos para cake pops

INGREDIENTES
Para el cake
120 g de harina de repostería
15 g de cacao puro en polvo
80 g de azúcar
1 cucharadita de levadura en polvo (tipo Royal)
2 huevos
1 yogur griego
Mantequilla

Para el relleno
50 g de queso cremoso (de untar)
1 cucharada de crema de cacao con avellanas
120 g de azúcar glas

Para la cobertura
25 g de chocolate fondant
100 g de chocolate blanco
100 g de chocolate rosa
100 g de chocolate naranja

Para el cake
PRECALENTAR el horno a 180 °C y poner la rejilla en el centro.
BATIR los huevos y el yogur con las varillas. Reservarlos.
TAMIZAR la harina y el cacao juntos, y mezclarlos en un bol con el azúcar y la levadura. Incorporarlo todo a la mezcla de huevos y batirlo con las varillas hasta que quede homogéneo.
VERTER la masa en un molde untado con mantequilla y ligeramente espolvoreado con harina.
HORNEAR el cake entre 15 y 20 minutos y dejarlo enfriar.

Para el relleno
CORTAR el bizcocho en trozos, triturarlo con la batidora y ponerlo en un bol de cocina.
AÑADIR el azúcar glas, el queso cremoso y la crema de cacao con avellanas, y mezclar bien todo con la espátula.
HACER bolas de unos 20 g cada una y dejarlas reposar en el frigorífico durante 30 minutos como mínimo.

Para la cobertura
FUNDIR el chocolate fondant en un baño de vapor, removiendo ocasionalmente hasta que quede una mezcla homogénea.
SUMERGIR la punta del palo para cake pop en el chocolate fundido y pinchar cada bolita de bizcocho sin atravesarla del todo.
DEJAR reposar las bolas en el frigorífico durante 30 minutos.
ATEMPERAR el chocolate de cada color por separado en un baño de vapor y bañar las bolitas de bizcocho en cada uno de ellos. Escurrirlas bien para que no quede una capa muy gruesa.
DEJAR secar las bolitas y reservarlas en el frigorífico hasta el momento de servirlas.

Un impresionante cake de origen nórdico y acogido con devoción en Norteamérica. Puro chocolate, esponjoso y jugoso, que debe su nombre al profundo hueco central, y todo cubierto de un extraordinario baño de intenso chocolate. Me llamo Bundt... Cake Bundt.

BUNDT CAKE *de chocolate*

EQUIPO

Molde para bundt (de rosco, con hueco en el centro)
2 boles grandes
Bol pequeño
Varillas eléctricas y manuales
Espátula de goma
Cazo

INGREDIENTES
Para el cake
300 g de harina de trigo
50 g de cacao puro en polvo
1 sobre de levadura en polvo
Una pizca de sal
90 ml de leche entera
1 yogur griego
225 g de mantequilla, a temperatura ambiente
200 g de azúcar glas
4 huevos

Para el baño
85 g de chocolate (70 %)
100 ml de nata líquida
2 cucharadas de mantequilla
2 cucharadas de tu licor favorito (opcional)

8-10 personas

Para el cake
PRECALENTAR el horno a 170 °C y engrasar el molde con una pizca de mantequilla.
TAMIZAR juntos la harina, el cacao, la levadura y la sal en un bol grande.
MEZCLAR la leche y el yogur griego en un bol pequeño.
BATIR con las varillas eléctricas la mantequilla y el azúcar hasta que la mezcla monte un poco y quede una crema homogénea, pálida y esponjosa.
AÑADIR los huevos de uno en uno y sin dejar de remover con las varillas manuales, sin batir en exceso la mezcla.
INCORPORAR poco a poco a la mezcla anterior los ingredientes secos, alternando con la mezcla de la leche y el yogur.
VERTER la masa en el molde.
HORNEAR el bizcocho durante 50 minutos más o menos. Comprobar la cocción introduciendo un palillo largo de madera. Si sale casi limpio, el bizcocho está listo.

Para el baño
FUNDIR el chocolate junto con la mantequilla en un baño de vapor. Templar ligeramente y añadir la nata, removiendo hasta que la mezcla sea homogénea.
Añadir el licor, si se usa. En caso contrario, si deseas un baño un poco más líquido puedes aclararlo con dos cucharadas de agua.
VERTER el baño de chocolate sobre el cake dejando que caiga por los laterales.

Exótica salsa originaria de la India y bautizada por los británicos, tiene la consistencia de una mermelada y un sabor agridulce. Ideal para acompañar carnes, aves, curris o paté. Esta es una versión muy especial con chocolate e higos, que dará a tus platos un toque Bollywood. *Chutney millionaire.*

CHUTNEY *de chocolate e higos*

EQUIPO
Cazo mediano de base gruesa
Cuchillo
Rallador
Exprimidor
Cuchara de madera
Tarros de cristal pequeños

INGREDIENTES
1 cebolla mediana, finamente cortada
375 g de higos secos, cortados en cubitos
180 g de pasas sultanas
80 g de chocolate negro rallado
125 ml de vinagre de vino blanco
200 g de azúcar
El zumo de 2 limones
La ralladura de 1 limón
1 cucharada de canela molida
6 bayas de cardamomo
250 ml de agua

PONER todos los ingredientes en un cazo mediano de base gruesa.
CALENTAR gradualmente hasta llevar a ebullición. Reducir el fuego y continuar la cocción a fuego lento.
COCER la salsa durante 25 o 30 minutos, removiendo ocasionalmente. Si se reduce muy rápido, añadir un chorrito de agua hirviendo de vez en cuando.
Probar el chutney; si está muy ácido agregar más azúcar y si está muy dulce, añadir más zumo de limón.
ENFRIAR el chutney durante 5 minutos, guardarlo en tarros de cristal pequeños y conservarlo en un lugar fresco o en la nevera.

¿Qué hace una galleta tan rubia en un libro de morenos? Tiene alma de limón y trocitos de chocolate blanco. Es *lemon da.*

COOKIES DE LIMÓN *con chocolate blanco*

EQUIPO
Cuchillo
Cazo pequeño
Colador
Bol
Varillas manuales
Film transparente

INGREDIENTES
La piel de 2 limones
150 g de mantequilla
140 g de azúcar moreno
100 g de chocolate blanco, en trocitos
1 huevo
1 yema de huevo
300 g de harina
½ sobre de levadura en polvo
Una pizca de sal

40 cookies

PRECALENTAR el horno a 170 °C.

CORTAR la piel de dos limones (que tengan una piel bonita) intentando no coger mucho de la parte blanca porque amarga.

BLANQUEAR la piel de limón. Para ello, calentar dos dedos de agua en un cazo hasta llevarla a ebullición. Añadir en ese momento la piel y dejar que hierva durante 2 minutos. Escurrirla y reservarla sobre un papel absorbente.

FUNDIR ligeramente la mantequilla en el microondas a temperatura mínima menos de 1 minuto.

MEZCLAR la mantequilla con el azúcar moreno y la sal.

INCORPORAR el huevo y la yema a la mezcla y remover.

AÑADIR la harina y la levadura. Mezclar.

CORTAR la piel de limón en juliana fina o en trozos pequeños y añadir el chocolate blanco troceado.

FORMAR con la pasta resultante dos rulos de unos 6 cm y envolver cada uno con un trozo de film transparente. Dejarlos enfriar 2 horas como mínimo (lo mejor es esperar al día siguiente).

HORNEAR durante 12 minutos o hasta que adquiera un tono dorado y servir.

Cada día te gustan más las mezclas, sobre todo porque ningún perro de raza te dio tanto cariño y fidelidad como Toby. Prueba nuestras cooknies, una deliciosa combinación de cookies y brownies que nos tiene saltando de alegría. ¡Guau!

COOKNIES

EQUIPO
Cazo
Bol metálico
Espátula de goma
Sacabolas de helado
Batidora
Film transparente

INGREDIENTES
2 huevos
115 g de azúcar moreno
50 g de harina
1 cucharadita de levadura en polvo (tipo Royal)
20 g de mantequilla, a temperatura ambiente
1 cucharadita de yogur griego
200 g de chocolate (70 %)

5-6 cookies grandes

BATIR los huevos con el azúcar moreno.
FUNDIR el chocolate con la mantequilla en un baño de vapor.
INCORPORAR el chocolate fundido a los huevos y remover con la ayuda de la espátula hasta que quede una mezcla homogénea.
Añadir la cucharadita de yogur.
TAMIZAR la harina con la levadura y agregarla a la mezcla.
REMOVER bien todos los ingredientes y tapar la masa con un film transparente. Dejarla reposar en el congelador durante 20 minutos aproximadamente, o mientras se calienta el horno.
PRECALENTAR el horno a 200 °C.
SACAR, con ayuda del sacabolas de helado, porciones de la masa, dándoles volumen y una forma redondeada.
HORNEAR las bolas de masa durante 10 minutos.
DEJAR enfriar las cooknies una vez estén listas y servirlas.

Una tendencia gastronómica que vuelve para mostrarnos lo dulce que es la vida vista desde su agujero. Prueba nuestra infalible y deliciosa receta y todos se quedarán admirados. ¡Ooooh!

DOUGHNUTS *con glaseado de chocolate*

EQUIPO
Cazo
Bol
Espátula de goma
Varillas eléctricas con accesorio amasador
Recipiente hondo
Paño de tela
Cortador circular de 15 cm
Cortador circular de 8 cm
Rodillo
2 bandejas de horno
Sartén honda
Espumadera
Papel absorbente

INGREDIENTES
500 g de harina
300 ml de leche entera
115 g de mantequilla
500 ml de aceite vegetal
55 g de azúcar
25 g de levadura fresca
2 huevos
Una pizca de sal

Para el glaseado de chocolate
Véase receta en página 28

12 doughnuts

CALENTAR la leche hasta que esté templada, a unos 90 °C, y mezclarla en un bol con la levadura removiendo con la espátula. Dejar reposar la mezcla unos 5 minutos, o hasta que esté esponjosa.

BATIR con las varillas eléctricas los huevos, la mantequilla, el azúcar y la sal, y a continuación verter la mezcla anterior de leche y levadura.

AÑADIR la mitad de la harina y batir hasta que esté bien incorporada. Añadir el resto de la harina y mezclar hasta que la masa se separe de las paredes del recipiente.

AGREGAR un poco más de harina si la masa sigue estando húmeda.

TRANSFERIR la masa a una superficie enharinada y amasarla con las manos hasta que quede lisa.

ENGRASAR un recipiente hondo con un poquito de aceite y colocar en él la masa. Taparla con un paño de tela y dejarla levar durante 1 hora.

VOLCAR la masa en una superficie enharinada y estirarla con el rodillo. Cortarla en forma de doughnuts con los moldes circulares. Con la masa sobrante repetir la operación hasta que se acabe.

COLOCAR los doughnuts en bandejas de horno previamente enharinadas con una separación de 5 cm entre sí. Dejarlos levar 45 minutos.

CALENTAR el aceite en la sartén a fuego medio. Freír los doughnuts de uno en uno hasta que estén dorados y dejarlos enfriar en un papel absorbente.

CUBRIR los doughnuts con el glaseado preferido (*véanse recetas en página 28*).

Esta tarta la hicimos para celebrar la boda de William y Catherine, pensando que para ello no había nada mejor que otro gran enlace: el brownie y la cheesecake por fin se casaron, poniendo el broche de oro a un romance que se inició hace tiempo en una merienda. El soltero más intenso y jugoso del mundo con la más suave y dulce joven. Corónalos con una frambuesa. Y compártelos con el pueblo.

BROWNIE *& cheesecake*

EQUIPO
Molde cuadrado de 20 x 20 cm
Espátula de goma
Varillas manuales
2 boles metálicos
Colador o tamiz
Papel de horno o encerado

INGREDIENTES
Para el brownie
180 g de mantequilla, a temperatura ambiente
50 g de cacao puro tamizado
220 g de azúcar glas
2 huevos
100 g de harina tamizada

Para la cheesecake
300 g de queso cremoso (tipo Philadelphia), a temperatura ambiente
30 g de azúcar glas
2 huevos
Frambuesas o mermelada

6-8 personas

Para el brownie
PRECALENTAR el horno a 160 °C.
PREPARAR el molde, engrasándolo con un poco de mantequilla y forrándolo con papel de horno.
MEZCLAR en un bol la mantequilla con el azúcar, hasta que quede una mezcla cremosa.
AÑADIR el cacao, los huevos y, por último, la harina, hasta que se forme una masa homogénea. Extender esta masa de brownie en el molde de manera que quede lo más nivelada posible.

Para el cheesecake
BATIR el queso, el azúcar y los huevos hasta obtener una crema suave y homogénea.
VERTER la crema sobre la capa de brownie y extenderla cuidadosamente con la ayuda de una espátula de goma.
HORNEAR la tarta durante 45 o 50 minutos.
ENFRIAR la tarta en la misma fuente.
DESMOLDAR la tarta y decorarla con frambuesas o una capa fina de mermelada.

Una versión superfácil de preparar (¡y de comer!) de nuestras famosas florentinas con chocolate negro. Una receta que desde el *Cinquecento* no para de ganar adeptos y que te proponemos con ilusión y energía renovadas. Tu *renacimiento*.

FLORENTINAS *con chocolate*

EQUIPO
Bandeja de horno
2 cazos medianos
Bol
Espátula de goma
Cuchara de madera
Rejilla
Papel de horno o encerado
Jarra
Espátula de plástico

INGREDIENTES
75 g de mantequilla
40 g de azúcar glas
25 g de harina de trigo
75 g de almendras fileteadas
50 g de pistachos troceados

Para el baño
200 g de chocolate
1 cucharada de aceite de girasol

PRECALENTAR el horno a 160 °C.
FORRAR la bandeja con papel de horno engrasado.
CALENTAR en un cazo a fuego bajo la mantequilla y el azúcar juntos, hasta que el azúcar se disuelva.
AÑADIR la harina, removiendo, y después los frutos secos. Dejar reposar la mezcla durante 1 hora aproximadamente.
DISPONER cucharadas de esta masa en la bandeja, bastante separadas. Hacer dos hornadas si es necesario.
HORNEAR las florentinas durante 10 minutos, dorándolas por arriba el último minuto de cocción.
SACAR las florentinas del horno y dejarlas enfriar. Mientras todavía están calientes, levantar ligeramente los bordes con el lateral de un cuchillo.

Para el baño
COLOCAR las florentinas bocabajo en una rejilla previamente dispuesta sobre una bandeja de horno forrada con papel encerado. Fundir el chocolate en un baño de vapor y añadirle la cucharada de aceite.
VERTER el chocolate con ayuda de una jarra sobre las florentinas y extenderlo con la espátula. Dejar enfriar la cobertura de chocolate hasta que se endurezca.

Con estos deliciosos minicupcakes de un refrescante bizcocho al limón y una cobertura de cremoso chocolate blanco, sorprenderás a quien más quieres. ¡Cariño, he encogido a los cupcakes!

MINICUPCAKES DE LIMÓN *y chocolate blanco*

EQUIPO
Varillas eléctricas o manuales
Exprimidor
Bol
Cuchillo
Espátula de goma
Cazo
Cápsulas de magdalenas pequeñas
Molde metálico para magdalenas pequeñas

INGREDIENTES
Para el bizcocho
70 g de mantequilla
80 g de azúcar
80 g de harina
2 huevos medianos
70 ml de leche
La ralladura de ½ limón
El zumo de ½ limón
¾ cucharadita de levadura en polvo (tipo Royal)

Para la cobertura
100 g de mantequilla, a temperatura ambiente
200 g de azúcar glas
100 g de chocolate blanco
Perlas de caramelo

36 minicupcakes

PRECALENTAR el horno a 180 °C.
DISTRIBUIR las cápsulas en el molde metálico para magdalenas.
BATIR la mantequilla con el azúcar hasta que se blanquee.
AÑADIR los huevos y seguir batiendo a velocidad media.
MEZCLAR por otro lado la harina con la levadura y la ralladura de limón.
INCORPORAR a la mezcla de la batidora la harina y la leche en dos veces.
BATIR hasta que quede una masa uniforme y añadir el zumo de limón.
VERTER la masa en las cápsulas llenándolas hasta las tres cuartas partes de su capacidad.
HORNEAR los cupcakes durante 18 minutos o hasta que estén dorados, dependiendo de cada horno.

Para la cobertura
FUNDIR el chocolate en un baño de vapor.
MEZCLAR la mantequilla, el azúcar glas y el chocolate fundido hasta que la crema resultante doble su volumen.
CUBRIR los cupcakes con la crema y decorarlos con una perla de caramelo.

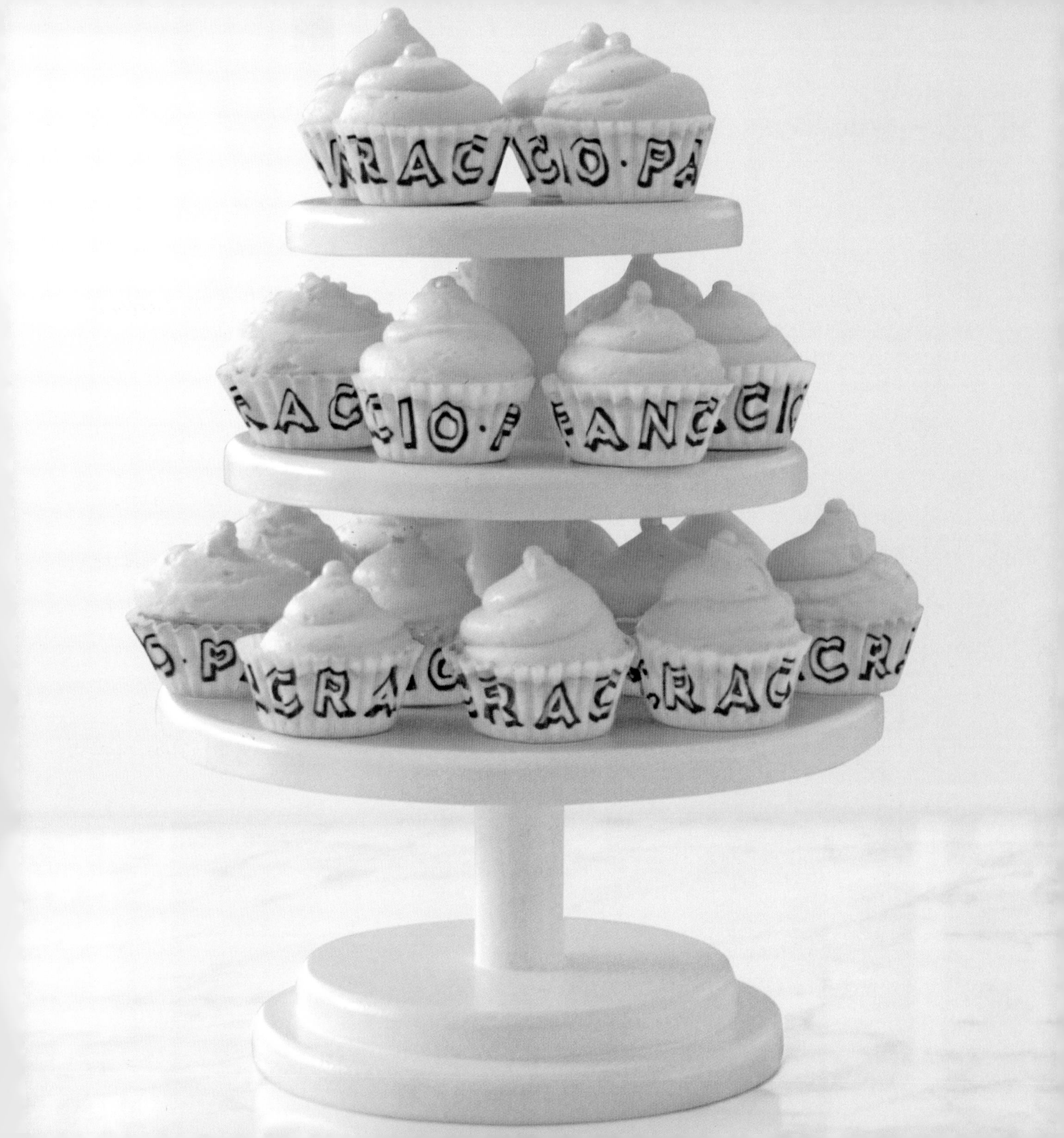

Más bueno que el pan es este bizcocho esponjoso. Creado en el siglo XVIII por un chef de Génova que trabajaba en España —de ahí su nombre—, te lo ofrecemos en versión PANCRACIO con cacao, pistachos y mascarpone. Se hace (y se come) muy deprisa. En un pispás.

PAN DI SPAGNA

EQUIPO
Varillas eléctricas o robot de cocina
Molde de 18 cm
Espátula de goma

INGREDIENTES
4 huevos
130 g de azúcar
110 g de harina
25 g de cacao

Para la decoración
250 g de mascarpone
Pistachos al gusto

4-6 personas

BATIR con las varillas eléctricas o el robot de cocina los huevos y el azúcar, hasta que quede una mezcla suave y esponjosa.
INCORPORAR la harina y el cacao a la mezcla anterior, con la ayuda de la espátula de goma y haciendo movimientos suaves y envolventes. Verter la masa en el molde previamente engrasado.
HORNEAR el bizcocho a 180 °C durante 25 minutos, o hasta que esté bien hecho por dentro. Estará listo cuando al pincharlo en el centro con un palillo de madera, este salga seco.
DEJAR enfriar a temperatura ambiente completamente.
CUBRIR la superficie con mascarpone y pistachos.

Son el dulce de moda en Estados Unidos, los jugosos cinnamon rolls. Con un potente aroma a canela y su cobertura fundente de queso crema, con su sola presencia son capaces de ablandar hasta la voluntad más férrea. Nuestra versión, como siempre, es fácil, deliciosa y con mucho chocolate. El gozo del rollista.

EQUIPO
Batidora manual o eléctrica
2 cazos
Espátula de silicona
Bol grande
Bol
Rodillo
Recipiente cuadrado o redondo
Pincel de silicona
Cuchillo
Film transparente

INGREDIENTES
650 g de harina
2 cucharaditas de levadura seca de panadero
240 ml de leche
65 g de azúcar
½ cucharadita de sal
75 g de mantequilla
3 huevos, a temperatura ambiente
Nata o leche

Para el relleno
140 g de azúcar moreno
50 g de cacao desgrasado en polvo
1 cucharada de canela en polvo
110 g de mantequilla fría, en dados
Chips de chocolate al gusto

Para el frosting
80 g de chocolate blanco
80 g de queso de untar
2 cucharadas de leche o al gusto

8 rollos

ROLLOS DE CANELA *con dos chocolates*

MEZCLAR 290 g de harina con la levadura.
FUNDIR en un cazo la leche, el azúcar, la sal y la mantequilla hasta que se disuelva todo. Dejar templar la mezcla.
AÑADIR el contenido del cazo a la mezcla de harina y levadura, y batirlo poco a poco y a baja velocidad hasta que se integre todo.
AGREGAR los huevos uno a uno batiendo despacio hasta que estén incorporados.
BATIR la mezcla durante 3 minutos a velocidad alta.
INCORPORAR poco a poco entre 295 g y 360 g de harina, dependiendo de lo que requiera la masa, y amasar hasta que la masa adquiera una textura no pegajosa y suave.
DEJAR reposar la masa en un bol engrasado grande y tapado con film transparente entre 1 hora y media y 2 horas, o hasta que doble su volumen.
ESTIRAR la masa dándole la forma de un cuadrado de 30 x 30 cm.

Para el relleno
MEZCLAR el azúcar, el cacao en polvo, la canela y la mantequilla hasta obtener una mezcla de textura granulada.
EXTENDER la mezcla anterior sobre la superficie de la masa estirada, dejando un espacio vacío en los bordes. Esparcir los trocitos de chocolate sobre la mezcla.
ENROLLAR la masa con cuidado, mojando los bordes con leche o nata para que se peguen.
CORTAR con cuidado el rollo de masa en 8 trozos y colocarlos espaciados en un recipiente.
CUBRIR el recipiente con un film transparente y dejar subir los rollos aproximadamente 1 hora.
PINCELAR con nata o leche la superficie de los rollos.
HORNEAR los rollos durante 20 o 30 minutos (en función del horno), o hasta que estén dorados.

Para el frosting
FUNDIR el chocolate blanco en un baño de vapor.
BATIR un poco el queso de untar y añadirle el chocolate blanco fundido y la leche hasta que quede una crema untuosa.
CUBRIR los rollos con la crema recién hecha.

Suaves y jugosas, las sultanas son de origen árabe. Las nuestras, con un delicioso baño de chocolate negro, te colmarán de placer. Mil y una noches.

SULTANAS DE COCO *con chocolate*

EQUIPO
Varillas eléctricas
Bol
Cazo
Espátula de goma
Bandeja de horno
Papel de horno o encerado
Rejilla

INGREDIENTES
250 g de coco rallado
250 g de azúcar
3 huevos

Para la cobertura
100 g de chocolate (70 %)
1 cucharada de aceite de girasol

PRECALENTAR el horno a 180 °C.
BATIR las claras a punto de nieve y mezclarlas con el resto de los ingredientes.
HACER pequeñas bolas con la masa obtenida y disponerlas en la bandeja del horno forrada con papel de horno.
Hornear las sultanas a 150 °C. Dejarlas enfriar a temperatura ambiente.

Para la cobertura
FUNDIR el chocolate en un baño de vapor con el aceite de girasol.
SUMERGIR parcialmente cada sultana en el chocolate y dejarla enfriar sobre una rejilla.

Si tienes el corazón dividido entre una cookie y un bizcocho de chocolate, lo mejor es poner entre los dos una deliciosa crema de chocolate blanco. Tras la fiebre de los cupcakes, llega la pasión por los whoopie pies, lo último en repostería. Te ofrecemos una receta exquisita y muy fácil, tan rica que te transportará... a los mundos de whoopie.

WHOOPIE PIES

EQUIPO
3 boles
2-3 bandejas de horno
Papel de horno o encerado
Batidora eléctrica o robot de cocina
Varillas eléctricas
Sacabolas de helado
Paleta de cocina
Rejilla
Manga pastelera

INGREDIENTES
260 g de harina
1 cucharada de levadura en polvo
30 g de cacao puro
115 g de mantequilla, a temperatura ambiente
165 g de azúcar
1 huevo
4 cucharadas de yogur griego
3 cucharadas de leche

Para el relleno
175 g de chocolate blanco
2 cucharadas de zumo de limón
50 g de nata

4-6 personas

PRECALENTAR el horno a 180 °C.
FORRAR las bandejas de horno con el papel encerado.
TAMIZAR juntos la harina, la levadura y el cacao.
BATIR con la batidora eléctrica o el robot de cocina la mantequilla y el azúcar hasta que la mezcla quede suave y pálida.
INCORPORAR el huevo, seguido de la mitad de la harina con levadura y cacao.
AÑADIR el yogur griego y la leche, y mezclar bien todo junto con la harina restante.
DISPONER 20 montoncitos de la mezcla sobre las bandejas de horno preparadas con ayuda del sacabolas de helado, bien separados unos de otros para que no se peguen al cocerlos.
HORNEAR las bandejas de una en una durante 10 o 12 minutos, o hasta que la masa suba y esté firme al tacto.
DEJAR enfriar las galletas durante 5 minutos. A continuación, despegarlas con una paleta de cocina y dejarlas enfriar por completo en una rejilla.

Para el relleno
FUNDIR el chocolate blanco en un baño de vapor.
AÑADIR el zumo de limón al chocolate cuando esté templado, y luego la nata, removiendo hasta que quede una mezcla suave y homogénea.
UNTAR el lado plano de la mitad de las galletas con el relleno, usando una manga pastelera. Tapar el relleno con el resto de las galletas, a modo de sándwich, y servirlas.

FRÍO, FRÍO, FRÍO

Delicioso y clásico postre italiano, de increíble sencillez: helado de stracciatella ahogado (*affogatto*) en cremoso café exprés. Sobremesa de Cinecittà.

AFFOGATTO

EQUIPO
Cafetera exprés manual o automática
Sacabolas de helado
Vaso o taza de café

INGREDIENTES
250 ml de café exprés
50 g de helado de stracciatella
Véase receta en página 82

2 personas

COLOCAR, con ayuda del sacabolas de helado, dos bolas de helado de stracciatella en cada taza.
VERTER el café encima del helado con cuidado.
SERVIR el postre inmediatamente.

Escápate a Italia con esta refrescante versión del delicioso capuchino helado. Café y cacao con notas de chocolate rallado y un sobresaliente de nata. Vacaciones en Roma.

CAPUCHINO HELADO

EQUIPO
Varillas eléctricas
2 boles grandes
4 tazas de café capuchino o 6 tazas pequeñas de café exprés
Papel de horno o encerado
Tamiz o colador

INGREDIENTES
2 cucharadas de café soluble o de café exprés muy cargado
4 huevos
130 g + 25 g de azúcar glas
700 ml de nata montada
50 g de chocolate negro rallado
25 g de cacao puro
2 cucharaditas de PANCRACIO Original Chocolate Vodka o de otro licor al gusto (opcional)

4-6 capuchinos

SEPARAR las claras de las yemas.
BATIR las yemas con la mitad de los 130 g de azúcar hasta que la mezcla se blanquee y quede homogénea.
MONTAR las claras con el resto de los 130 g de azúcar hasta que se formen picos suaves e incorporar poco a poco la mezcla anterior.
AÑADIR la mitad de la nata montada, el café soluble diluido en una cucharada sopera de agua templada y el chocolate rallado. Opcionalmente, añadir las 2 cucharaditas de PANCRACIO Original Chocolate Vodka o tu licor favorito.
DISPONER sobre una bandeja 4 tazas de café o 6 tazas pequeñas de café exprés, que servirán de molde.
CORTAR bandas de papel de horno lo suficientemente altas para forrar las paredes de las tazas, sobrepasando el borde en unos 2,5 cm de manera que se forme un cuello alto. Fijar bien el papel con cinta adhesiva.
VERTER la mezcla de café en las tazas hasta llegar al borde.
CONGELAR los capuchinos toda la noche (la mezcla de café puede subir un poco por encima del borde de la taza).
AÑADIR el resto de la nata 1 hora antes de servir los capuchinos y volver a ponerlos en el congelador para que se endurezca un poco.
RETIRAR con cuidado el papel de horno.
MEZCLAR el cacao con los 25 g de azúcar y espolvorearlo con la ayuda de un tamiz o colador encima de los capuchinos antes de servirlos.

Porque cuando se trata de placer no te gusta posicionarte, y menos con el chocolate de por medio. Te presentamos esta fácil y exquisita receta con la que disfrutarás a partes iguales del blanco y del negro. Indefinidamente.

DUOCHOC

EQUIPO
Vasos de chupito
2 boles
2 cazos medianos
Espátula de goma

INGREDIENTES
255 g de chocolate negro, finamente troceado
310 g de chocolate blanco, finamente troceado
250 ml + 100 ml de nata líquida
Frutos rojos

DISPONER los dos tipos de chocolate en boles diferentes.
CALENTAR la nata en un cazo hasta casi llevarla a ebullición.
VERTER seguidamente 250 ml de nata sobre el chocolate negro, removiendo con la espátula de goma hasta que quede una mezcla homogénea.
COLOCAR los vasitos inclinados a 45 grados, de forma que no se muevan, y verter en ellos el chocolate negro todavía líquido.
DEJAR enfriar el chocolate unas 3 horas hasta que cuaje.
REPETIR con el chocolate blanco y los 100 ml de nata el proceso de fundido.
VERTER la crema de chocolate blanco en los vasos, ya en posición vertical, sobre la crema de chocolate negro.
ENFRIAR hasta que cuaje.
SERVIR frío con frutos rojos.

Te presentamos la mejor receta del mundo de helado cheesecake, que hasta ahora habíamos guardado como un tesoro. Di que *cheese*.

HELADO CHEESECAKE *con chocolate blanco*

EQUIPO
Robot de cocina
Molde tipo cake de unos 15 x 21 cm
Heladera (opcional)
Espátula de goma (opcional)

INGREDIENTES
225 g de queso crema, tipo Philadelphia
1 limón
230 ml de nata agria
115 ml de leche entera
115 ml de nata
150 g de azúcar
Una pizca de sal
100 g de chocolate blanco

12 personas

CORTAR el queso crema y el chocolate blanco en trozos pequeños.
EXPRIMIR el limón directamente en un robot de cocina.
AÑADIR la crema de queso, la nata agria, la leche, la nata, el azúcar y la sal.
MEZCLAR hasta conseguir una textura cremosa.

Con heladera
VERTER la mezcla en la heladera y poner en marcha el aparato. Cuando se haya formado el helado, pasarlo al molde.

Manualmente
PONER la mezcla en un recipiente adecuado y congelarla durante 1 hora.
BATIR la mezcla tras este tiempo para que quede más suave.
REPETIR la operación cada media hora aproximadamente hasta que la crema se espese y tome consistencia.
AÑADIR el chocolate picado, alisar la superficie y congelar hasta que quede firme.

Porque los opuestos se atraen, te ofrecemos una sorprendente receta de helado de caramelo salado. Un sabor absolutamente delicioso y que marida a la perfección con unos finos trocitos de chocolate. Perfecto para invitar a esa persona tan especial. Tu opuesta.

EQUIPO
Cazo mediano
Cuchara de madera
Bol mediano
Colador de malla fina
Recipiente hermético
Heladera

INGREDIENTES
Para el caramelo salado
125 g de azúcar
60 ml de nata
½ cucharada de escamas de sal
(tipo las de Pancracio)

Para el helado
30 g de azúcar
480 ml de nata
240 ml de leche
3 huevos
75 g de chocolate, en trocitos

HELADO *de caramelo salado*

Para el caramelo salado
CALENTAR en un cazo mediano a fuego medio el azúcar, removiendo ocasionalmente con una cuchara de madera para que se caliente de manera uniforme, hasta que comience a fundirse. Después, dejar de utilizar la cuchara y mover suavemente el cazo de vez en cuando hasta que el azúcar adquiera un color ámbar oscuro. Debe trabajarse con extremo cuidado, ya que el caramelo alcanza elevadas temperaturas.
AÑADIR la nata, con cuidado porque salpicará, y mezclar bien hasta que todo el caramelo se haya disuelto.
VERTER la mezcla en un tazón y añadir la sal, removiendo.
DEJAR enfriar a temperatura ambiente.

Para el helado
LLEVAR justo hasta ebullición la leche, la nata y el azúcar en un cazo pequeño de fondo grueso, removiendo de vez en cuando.
BATIR ligeramente los huevos en un bol mediano.
AÑADIR despacio la mitad de la mezcla de leche caliente, en un chorro lento, batiendo sin parar.
VERTER la preparación de nuevo en el cazo y cocerla a fuego medio, removiendo constantemente con una cuchara de madera, hasta que se espese un poco y cubra el dorso de la cuchara, pero sin que llegue a hervir.
COLAR la crema anterior con un colador fino en un bol grande y luego añadirle la salsa de caramelo enfriada.
ENFRIAR la mezcla en la nevera de 3 a 6 horas, o hasta que esté muy fría.
VERTER la mezcla en la heladera y poner en marcha el aparato para que se forme el helado.

Manualmente
PONER la mezcla en un recipiente adecuado y congelarla durante 1 hora.
BATIRLA tras este tiempo para que quede más suave.
REPETIR la operación cada media hora más o menos hasta que se espese y tome consistencia.
AÑADIR el chocolate en trocitos, alisar la superficie y terminar de congelar hasta que quede firme.

Un helado italiano muy clásico
que mezcla nata con delicados
trozos de chocolate negro
para dar un placer exquisito.
Estratosférico.

HELADO *de stracciatella*

EQUIPO
Cazo
Bol
Robot de cocina
Heladera (opcional)
Espátula de goma (opcional)
Molde tipo cake de
unos 15 x 21 cm

INGREDIENTES
400 ml de leche entera
100 g de chocolate negro
(entre 45 % y 59 %),
finamente troceado
250 g de nata
250 g de azúcar
1 litro de agua
Hielo
1 cucharadita de extracto
de vainilla

12 personas

VERTER la leche, el azúcar, la nata y la vainilla en un cazo y calentarlo todo.
RETIRAR el cazo del fuego justo antes de que hierva el líquido.
COLOCAR el cazo en un bol con el agua y el hielo hasta que baje
la temperatura.
REFRIGERAR la mezcla durante 2 horas.

En heladera
VERTER la mezcla en la heladera y poner en marcha el aparato.
AÑADIR los trocitos de chocolate con el aparato en marcha y dejarlo
funcionando hasta que se forme el helado. Una vez hecho, pasarlo
al molde.

Manualmente
PONER la mezcla en un recipiente adecuado y congelarla durante 1 hora.
BATIR la mezcla con la ayuda de la espátula de goma tras la hora en el
congelador para que quede más suave
y añadir los trocitos de chocolate.
REPETIR la operación cada media hora aproximadamente, hasta que
la crema se espese y tome consistencia.
CONGELAR el helado hasta que quede firme.

Bomba helada con bizcocho red velvet y coulis de frutos rojos. Anima a tu equipo favorito juntando a tu mejor selección de amigos y familia, y ofréceles esta deliciosa, ultrafácil y refrescante receta, que hará feliz a todo el mundo. Para pasarlo bomba.

EQUIPO
Molde de tarta de 15-18 cm de diámetro
Bol grande
Bol mediano
Bol de 15-18 cm de diámetro
Espátula de goma
Varillas eléctricas
Tamiz
Cazo
Robot de cocina
Film transparente
Papel de horno o encerado

INGREDIENTES
20 g de cacao puro en polvo
150 g de harina
½ sobre de levadura en polvo
Una pizca de sal
115 g de mantequilla, a temperatura ambiente
190 g de azúcar
2 huevos
1 yogur griego
75 ml de leche
1 cucharadita de esencia de vainilla (opcional)
15 ml de colorante rojo en gel*
1 litro de helado de mandarina

Para el coulis
100 g de frambuesas
100 g de fresas
150 g de azúcar
70 ml de agua
1 hoja de gelatina

8-10 personas

LA ROJA

Para el bizcocho
PRECALENTAR el horno a 180 °C.
PREPARAR el molde (que debe ser del mismo diámetro que el bol que se usará luego para montar la bomba helada) engrasándolo y cubriendo las paredes con papel encerado.
MEZCLAR la harina, el cacao, la levadura y la sal, tamizándolos juntos. Reservar la mezcla.
BATIR la mantequilla y el azúcar en un bol con las varillas eléctricas a velocidad media 5 minutos, o hasta obtener una crema pálida y esponjosa (aireada).
AÑADIR los huevos de uno en uno sin dejar de batir.
AGREGAR el yogur, la leche, el colorante y la vainilla (si se usa) y remover hasta que quede una mezcla homogénea. Continuar batiendo a baja velocidad sin trabajar en exceso la masa e incorporar poco a poco los ingredientes secos (harina, cacao y levadura).
VERTER la mezcla en el molde.
HORNEAR el bizcocho de 30 a 40 minutos, sin cocerlo demasiado. Dejarlo enfriar.

Para el coulis
CALENTAR en un cazo las frambuesas, las fresas, el azúcar y el agua durante unos 20 minutos removiendo con la espátula hasta que adquieran una textura de sirope.
REMOJAR una hoja de gelatina en agua fría hasta que se ablande y añadirla al cazo.
TRITURAR la mezcla anterior con el robot de cocina.
COLAR el coulis para quitar las semillas que pudieran quedar.

Para la bomba
FORRAR un bol con film transparente.
VERTER el coulis en el fondo del bol y meterlo en el congelador durante 1 hora.
EXTENDER el helado encima del coulis ya congelado con la espátula.
COLOCAR el bizcocho de red velvet encima del helado.
CONGELAR el conjunto durante 3 o 4 horas hasta que esté todo bien compactado.
DESMOLDAR y servir.

NOTA: El colorante en gel rojo puedes encontrarlo en grandes supermercados o tiendas de repostería profesional.

Los irlandeses celebran el Saint Patrick´s Day y nosotros, por las mismas fechas, nuestro Día del Padre. Por tener la paciencia de un santo, hazle a papá esta deliciosa y sorprendente receta para celebrar su día. San Papi Day.

MOUSSE DE CHOCOLATE *con cerveza negra*

EQUIPO
Cazo
Bol grande
Varillas eléctricas
Varillas manuales
6 jarritas de cerveza pequeñas
Film transparente

INGREDIENTES
8 yemas de huevo
1 lata de cerveza negra de 330 ml
250 g de chocolate negro (70 %)
250 g de azúcar
400 ml de nata para montar

Para la espuma
400 ml de nata para montar

MEZCLAR con las varillas eléctricas las yemas con el azúcar en un bol grande.
VERTER 300 ml de cerveza en un vaso, dejándola caer por las paredes del vaso para que no haga espuma. Ponerla en el cazo a fuego medio.
INCORPORAR la nata y calentar la mezcla removiendo con las varillas manuales de vez en cuando para que no se formen burbujas.
AÑADIR el chocolate y dejar que se funda y se integre en la mezcla, removiendo hasta que esta sea suave y homogénea.

RETIRAR el cazo del fuego.
VERTER despacio la mezcla del chocolate en la de los huevos sin dejar de batir para evitar que se formen grumos.
DEVOLVER esta mezcla al cazo a fuego medio, removiendo hasta que se espese.
DEJAR enfriar la crema obtenida y repartirla en las jarras de cerveza, dejando aproximadamente un espacio de 2 cm hasta el borde.
TAPAR las jarras con film transparente y refrigerar la mousse durante al menos 2 horas para que se asiente.

Para la espuma
VERTER el resto de la cerveza en un cazo a fuego medio, llevarla a ebullición sin cubrir y reducirla aproximadamente durante 20 minutos. Dejarla enfriar.
MONTAR la nata para la cobertura hasta que se formen picos suaves. Añadirle con movimientos envolventes la cerveza reducida.
INCORPORAR la mezcla a las jarras de chocolate y servirlas.

Porque ella se merece lo mejor, una receta maravillosa que si además se la haces tú, es perfecta. Pluscuam*parfait.*

PARFAIT *de mango y chocolate*

EQUIPO
Boles
Cazo
Batidora
Vasos de cristal

INGREDIENTES
1 lata de mango en almíbar
2 yogures griegos
75 g de chocolate
4 galletas (tipo Digestive)

2 personas

TRITURAR las galletas en un bol.
FUNDIR el chocolate en un baño de vapor y añadir un poco a las galletas (no hace falta utilizar todo el chocolate) para obtener una mezcla «rocosa».
ESCURRIR el mango y apartar el almíbar.
BATIR el mango hasta hacerlo puré.
COLOCAR en el fondo de cada vaso la mezcla de galleta con chocolate (reservar un poco para decorar).
ALTERNAR en cada vaso un par de cucharadas de yogur y un par de cucharadas de puré de mango, de manera que queden en distintas capas.
DECORAR por encima con una roca de galleta y chocolate en el centro y unos hilos del chocolate fundido que haya sobrado.

Mucho más que un polo, de textura suave y fundente, intenso chocolate y crujiente cobertura. Una receta fácil y perfecta para pícnics, fiestas de verano, tardes en la piscina o sesiones golfas de cine en casa. Houston, por aquí sin problemas.

POLO FUNDENTE *de intenso chocolate*

EQUIPO
Moldes de polo o vasitos
Heladera (opcional)
2 boles metálicos
Cazo
Cuchara de madera o plástico resistente al calor
Varillas
Espátula de goma

INGREDIENTES
250 ml + 125 ml de leche entera
90 g de azúcar
50 g de cacao en polvo
1 ½ cucharadas de maicena

Para la cobertura
100 g de chocolate negro
50 ml de aceite vegetal

CALENTAR a fuego lento 250 ml de leche hasta que hierva.
MEZCLAR mientras tanto los otros 125 ml de leche con el cacao, el azúcar y la maicena y verterlos en la leche caliente. Seguir removiendo continuamente hasta que la mezcla se espese y empiece a burbujear por los bordes. Cocerla sin dejar de remover durante 1 minuto más.
COLAR la mezcla con un colador fino a un bol limpio y dejarla enfriar.
CUBRIR la mezcla con un film trasparente que toque la superficie y enfriarla en la nevera toda la noche.
VERTER al día siguiente la mezcla fría en los moldes de polo y congelarlos toda la noche. Saldrán con una textura ligeramente helada.

Opcional para un resultado más cremoso
Con heladera: trabajar la mezcla fría en la heladera hasta que empiece a espesar y verterla en los moldes de polo.
A mano: meter la mezcla fría en el congelador y removerla cada media hora hasta que se espese bastante y verterla en los moldes de polo.

RETIRAR los polos de los moldes. si hace falta, pasar los moldes rápidamente bajo el chorro de agua templada del grifo (cuidando de que no entre agua en los moldes).

Para la cobertura
FUNDIR en un baño de vapor el chocolate con el aceite vegetal. Dejarlo templar y pasarlo a un vaso alargado.
SUMERGIR cada polo en la cobertura de chocolate, que se congelará en el acto. Servirlos.

SUGERENCIAS
Si los polos se toman en horario nocturno, añadir un poco del licor que se prefiera en el primer paso.

¿Un chocolate a la taza en polo? Nunca mejor dicho: los polos opuestos se atraen. De caliente, caliente... a frío, frío.

POLOS DE CHOCOLATE *a la taza Pancracio*

EQUIPO
Cazo
Varillas manuales
Molde de polos
Palitos para polos

INGREDIENTES
250 g de chocolate a la taza PANCRACIO
1 litro de leche entera

10 polos

CALENTAR en un cazo a fuego medio la leche hasta que esté a punto de hervir.
RETIRAR el cazo del fuego.
DILUIR en un recipiente (fuera del fuego) el chocolate en polvo en una tercera parte de la leche caliente.
AÑADIR el resto de la leche caliente y poner de nuevo a fuego medio.
COCER el chocolate removiendo continuamente y en cuanto comience a hervir retirarlo del fuego. Esperar unos 4 minutos.
VERTER el chocolate en los moldes hasta que queden llenos.
CERRAR el molde con la tapa y colocar los palitos de polos.
CONGELAR los polos durante al menos 4 horas.
DESMOLDAR y servir.

Elige la fruta que más te guste y sorprende a los tuyos con estos deliciosos polos. Salta a la vista que se comerán más de uno. Polo menos.

POLOS DE YOGUR *con chocolate blanco y frutas*

EQUIPO
Bol
Cazo
Robot de cocina
Espátula
Moldes para polos
Palitos para polos

INGREDIENTES
500 ml de yogur griego
100 g de chocolate blanco
200 ml de leche
1 cucharada de miel (o al gusto)
Fruta al gusto (fresas, arándanos, mango, kiwi)

8 polos

FUNDIR el chocolate blanco en un baño de vapor.
MEZCLAR el chocolate blanco fundido, el yogur, la leche y la miel en el robot de cocina.
CORTAR la fruta en trozos de tamaños diferentes.
INTRODUCIR una parte de la fruta en los moldes vacíos.
LLENAR los moldes poco a poco con la mezcla de chocolate, intercalando capas de fruta. Poner los palitos.
CONGELAR los polos un mínimo de 4 horas.
RETIRAR los polos de los moldes, pasando los moldes si es necesario bajo el chorro de agua templada del grifo (vigilando que no entre agua en los moldes).
SERVIR los polos congelados.

Desata tu pasión por el helado con esta deliciosa y original galleta red velvet. Muy *cookie*.

RED VELVET COOKIES
rellenas de helado de cheesecake

EQUIPO
Bandeja de horno
Papel de horno o encerado
Bol
Robot de cocina
Espátula de goma

INGREDIENTES
215 g de harina
25 g cacao en polvo desgrasado
½ cucharadita de bicarbonato
Una pizca de sal
65 g de mantequilla, a temperatura ambiente
200 g de azúcar
1 huevo
1 cucharadita de colorante rojo en gel*
1 cucharadita de extracto de vainilla
30 ml de leche entera
500 ml de helado de cheesecake con chocolate blanco
Véase receta en página 78 o de tu helado favorito

18 cookies

NOTA: El colorante en gel rojo puedes encontrarlo en grandes supermercados o tiendas de repostería profesional.

PRECALENTAR el horno a 175 °C.
EXTENDER un trozo de papel encerado sobre una bandeja de horno.
MEZCLAR en un bol la harina, el cacao, el bicarbonato y la sal. Reservar.
BATIR la mantequilla con el azúcar hasta que quede una mezcla esponjosa.
AÑADIR el huevo, el colorante y la vainilla.
INCORPORAR la mezcla de harina y la leche, alternándolas, hasta que se forme una masa homogénea.
COLOCAR círculos de masa del mismo tamaño en la bandeja.
HORNEAR las galletas entre 10 y 12 minutos.
DEJAR enfriar las galletas en la bandeja durante 5 minutos y después pasarlas a una rejilla para que terminen de enfriarse.
RELLENAR las galletas con el helado de cheesecake con chocolate blanco, que se habrá sacado del congelador unos 10 minutos antes, o el tiempo necesario para que se ablande un poco y sea más fácil de manipular.

Si hay algo que puede mejorar
un helado es servirlo entre dos
láminas de delicioso bizcocho
de chocolate. *Emparelado.*

SÁNDWICHES *helados*

EQUIPO
Bol
Varillas
Espátula
Bandeja de horno
Papel de horno o encerado
Tamiz

INGREDIENTES
113 g de mantequilla derretida
100 g de azúcar
1 huevo
1 cucharadita de extracto de
vainilla (opcional)
65 g de harina
25 g de cacao en polvo
Una pizca de sal
500 ml de helado de stracciatella
Véase receta en página 82
u otro de tu sabor favorito

12 sándwiches

PRECALENTAR el horno a 180 °C.

BATIR la mantequilla con el azúcar.

AÑADIR a la mantequilla el huevo y la vainilla (si se usa) y mezclarlo todo bien.

INCORPORAR la harina, el cacao y la sal tamizados y batirlo todo hasta obtener una masa homogénea.

ENGRASAR un poco la bandeja de horno y cubrirla con papel encerado.

EXTENDER la mezcla de forma que tenga unos 8 mm de grosor.

HORNEAR el bizcocho durante 12 minutos, o hasta que al pincharla con un palillo este salga seco.

DEJAR enfriar el bizcocho.

CORTAR la plancha por la mitad y extender en una de las mitades el helado, que se habrá sacado del congelador unos 10 minutos antes, o el tiempo necesario para que se ablande un poco y sea más fácil de manipular.

CUBRIR el helado con la otra mitad de la plancha, presionando suavemente para alisar el sándwich, y congelarlo de nuevo entre 2 y 4 horas.

SACAR el sándwich del congelador un rato antes de cortarlo para facilitar la operación.

Cortar los bordes irregulares del bizcocho y, una vez igualado, dividirlo en porciones cuadradas o triangulares.

SERVIR las porciones.

Muy fácil e ideal para sorprender deliciosamente a tus invitados en una cena de verano, nuestro suflé helado al Grand Marnier también se puede disfrutar en una tarde otoñal bajo la manta. *Insoufflate* alegría.

SUFLÉ HELADO *al Grand Marnier*

EQUIPO
4 ramequines (o sufleteras) medianas
Papel de horno o engrasado
Bol
Cazo
Varillas eléctricas

INGREDIENTES
160 g de azúcar glas
6 yemas de huevo
75 ml de agua
400 ml de nata montada, muy fría
100 ml de licor Grand Marnier (o PANCRACIO Original Chocolate Vodka o de tu licor preferido)
Tiras de piel de naranja (opcional)
Mantequilla para engrasar

Para la cobertura
50 g de chocolate (70 %)
50 ml de nata

CORTAR el papel de horno en tiras. Envolver una tira alrededor del borde de cada ramequín y asegurarla con cinta adhesiva. Engrasar los ramequines con mantequilla y espolvorearlos con azúcar glas, y meterlos en el congelador.
BATIR con las varillas el azúcar, las yemas y el agua en un bol mediano hasta que se integren bien. Poner el bol sobre un cazo con agua hirviendo a fuego suave.
AÑADIR el Grand Marnier.
BATIR la mezcla para que suba hasta doblar su tamaño, entre unos 10 y 15 minutos. Retirar el bol del fuego y continuar batiendo la mezcla durante 4 minutos más, o hasta que esté fría y ligeramente espesa.
INCORPORAR la nata con movimientos envolventes y suaves.
VERTER la mezcla en los moldes y congelarla durante al menos 1 hora.

Para la cobertura
FUNDIR el chocolate en un baño de vapor y retirarlo del fuego.
Añadir la nata con movimientos enérgicos hasta obtener una mezcla homogénea. Si se quiere una cobertura más líquida, agregar un poco más de nata o reducir la cantidad de chocolate.
VERTER una fina capa de chocolate sobre el suflé helado y esperar a que congele con el contacto.
RETIRAR el «cuello» de papel de los ramequines.
DECORAR los suflés con piel de naranja.

CALIEN TE, CALI ENTE, CA LIENTE

Tras semanas investigando
hemos creado este brownie
especial para disfrutarlo en
cualquier ocasión. Original,
rico y muy jugoso gracias a
que lleva nata, es facilísimo
de preparar. Te lleva nada.

BROWNIE DE CHOCOLATE *y frambuesas*

EQUIPO
Molde cuadrado de
unos 21 x 21 cm
Cazo
Bol metálico
Varillas manuales
Tamiz
Espátula de goma

INGREDIENTES
175 g de mantequilla
200 g de chocolate
negro (70 %)
3 huevos
250 g de azúcar glas
3 cucharadas de nata
(opcionalmente, crème fraîche)
110 g de harina
250 g de frambuesas frescas

PRECALENTAR el horno a 170 °C.
FUNDIR en un baño de vapor la mantequilla y el chocolate. Dejarlos enfriar.
BATIR con las varillas los huevos y el azúcar hasta que quede una mezcla
suave y homogénea.
INCORPORAR a la mezcla anterior el chocolate con la mantequilla y la nata
(o la crème fraîche, si se prefiere).
AÑADIR la harina previamente tamizada e incorporarla con movimientos
suaves y envolventes.
VERTER la mezcla en el molde previamente engrasado y enharinado.
CUBRIR la masa con las frambuesas.
HORNEAR el brownie durante 35 o 45 minutos máximo, o hasta que esté
apenas hecho y aún jugoso.
SERVIR el brownie templado o una vez enfriado decorado con un poco
de azúcar glas espolvoreado por encima.

Si tu deseo es un gran postre de chocolate, lo mejor es cumplirlo... en cinco minutos. *Fast*cinante.

CHOCO FAST CAKE

EQUIPO
Taza de café tipo mug
Cuchara

INGREDIENTES
4 cucharadas rasas de harina de trigo
4 cucharadas rasas de azúcar
2 cucharadas rasas de cacao puro en polvo
1 huevo
3 cucharadas de leche
3 cucharadas de aceite de girasol
3 cucharadas de chocolate en trocitos (opcional)
Helado de vainilla o salsa de chocolate fundido y nata líquida

PONER todos los ingredientes secos en la taza y mezclarlos bien.
AÑADIR el huevo batido y remover hasta que quede perfectamente integrado.
VERTER la leche y el aceite de girasol en la taza y mezclar bien.
AÑADIR los trocitos de chocolate (si se usan) y volver a remover.
PONER la taza en el microondas durante 3 minutos a 1000 W (microondas-alto). Si ves que la masa del cake empieza a subir por encima del borde de la taza, no te preocupes.
DESMOLDAR el cake dando la vuelta a la taza con la ayuda de un plato. Si ha quedado demasiado alto, se puede cortar en dos trozos.
SERVIR el cake aún caliente con una bola de helado de vainilla o bañado con una salsa de chocolate fundido y nata líquida.

Si nunca has saboreado la experiencia de tomar un pudin al vapor, pruébala con este, que es el rey. Intenso, suave y muy chocolatero. Todo un postre para dejarse llevar. A todo vapor.

CHOCOPUDIN *al vapor*

EQUIPO
Molde de cerámica de unos 10 x 23 cm
Robot de cocina
Film transparente apto para microondas
Cuchillo
Plato

INGREDIENTES
115 g de mantequilla
225 g de chocolate negro
100 g de azúcar moreno
120 ml de nata templada
25 g de harina tamizada
3 g de levadura en polvo
3 huevos
Nata para servir (opcional)

8 personas

ENGRASAR el molde con un poco de mantequilla.
PICAR el chocolate en el robot de cocina.
Añadir la mantequilla, previamente fundida en el microondas, y el azúcar. Continuar trabajando hasta que esté todo bien combinado.
AGREGAR los ingredientes restantes, excepto la nata para servir, empezando por la nata, previamente templada con mucho cuidado en el microondas, y batir hasta que quede una mezcla suave y homogénea.
VERTER la mezcla en el bol y taparla cuidadosamente con film transparente apto para microondas.
COCER el pudin a 700 W durante 5 minutos, o hasta que esté listo.
RETIRAR el bol del microondas. Agujerear el plástico con la ayuda de un cuchillo y tapar el bol con un plato para mantener el pudin caliente durante 10 minutos. Retirar el plástico pasado ese tiempo.
DESMOLDAR el pudin pasándolo a un plato o cuenco.
SERVIR el pudin caliente o frío, con nata ligeramente montada (si se desea).

Para hacer pudines individuales, repartir la masa en 4 ramequines y cocerlos en dos tandas durante un minuto y medio.

NOTA: Para fundir la mantequilla en el microondas, conviene hacerlo en tandas de 10 o 15 segundos y a temperatura media, teniendo cuidado de que no se cocine demasiado.

De toda la vida y más *trendy* que nunca, los churros se han convertido en la esencia de las meriendas más deseadas. Sumergidos en nuestro delicioso chocolate a la taza, nos entusiasman. Nos tienen fritos.

CHURROS *con chocolate a la taza Pancracio*

EQUIPO
Cazos
Cuchara de madera
Sartén
Espátula de goma
Manga pastelera con boquilla de estrella

INGREDIENTES
250 g de chocolate a la taza PANCRACIO
1 litro de leche entera, semi o desnatada

Para dosis individuales, utilizar 4 cucharadas de chocolate bien colmadas por cada taza de leche.

Para los churros
250 g de harina
200 ml + 1 cucharadita de aceite vegetal
170 ml de agua
50 g de azúcar
Una pizca de sal

10 churros

CALENTAR en un cazo a fuego medio la leche deseada hasta antes de que arranque el hervor.
RETIRAR del calor.
DILUIR en un recipiente (fuera del fuego) el chocolate en polvo en una tercera parte de la leche caliente.
AÑADIR el resto de la leche caliente y poner la mezcla de nuevo a fuego medio.
REMOVER continuamente y en cuanto comience a hervir, retirar el chocolate del fuego. Esperar unos 4 minutos.
SERVIR el chocolate inmediatamente (o dejarlo enfriar en la nevera para degustarlo bien frío). El resultado es un sorprendente y delicioso chocolate espeso. Si lo deseas más líquido, puedes hacerlo con más cantidad de leche o menos de chocolate.

Para los churros
VERTER el agua en un cazo con la cucharadita de aceite y llevarla a ebullición.
MEZCLAR la harina y la sal con el agua y remover con fuerza hasta que quede una masa compacta y se separe de las paredes del cazo.
DEJAR reposar la masa durante un par de minutos para que se enfríe un poco.
CALENTAR el aceite vegetal en una sartén hasta que esté bastante caliente.
LLENAR una manga pastelera con boquilla en forma de estrella con la masa de churros y, sobre el aceite caliente, hacer tiras o la forma deseada.
ESPOLVOREAR los churros, una vez fritos, con el azúcar por encima y servirlos calientes.

Ojalá que llueva café en el campo, pero mientras tanto... ¿qué tal sobre un delicioso brownie? Prueba esta deliciosa y fundente receta que se hace en minutos y desaparece en segundos. ¿Esperar para disfrutar? Nunca.

BROWNIE ESPRESSO

EQUIPO
Molde cuadrado de unos 20 cm
Cazo mediano
Boles
Espátula de goma
Papel de horno o encerado
Varillas manuales

INGREDIENTES
115 g de mantequilla
60 g de yogur griego
65 g de harina
35 g de cacao puro en polvo
2 g de levadura en polvo
85 g + 55 g de chocolate negro
(70 %), en trocitos
125 g de azúcar blanco
125 g de azúcar moreno
3 huevos
3 cucharadas de café
muy concentrado

12-16 raciones

PRECALENTAR el horno a 180 °C.
ENGRASAR la base del molde, cubrirla con papel de horno y volver a engrasar.
MEZCLAR la harina, la levadura y el cacao.
FUNDIR en un baño de vapor los 85 g de chocolate. Añadir la mantequilla y fundirla removiendo hasta que quede una mezcla homogénea.
BATIR los huevos, el yogur, las dos clases de azúcar y el café.
INCORPORAR el batido a la mezcla de chocolate.
AÑADIR los 55 g de chocolate en trocitos restantes.
HORNEAR el brownie unos 30 minutos y servirlo templado.

Una receta clásica a más no poder que nos encanta, así que no queríamos dejar pasar la oportunidad de compartirla. Levanta el ánimo con este plato delicioso y reconfortante. ¡Go, go, gofre!

GOFRES DE CACAO *con helado y sirope de chocolate*

EQUIPO
Gofrera
Cazo
Espátula
Film transparente
Bol

INGREDIENTES
80 ml de leche entera
18 g de levadura fresca
120 g de mantequilla
1 cucharadita de sal
2 huevos
260 g de harina de fuerza
20 g de cacao en polvo
160 g de azúcar perlado
1 cucharadita de extracto de vainilla

Para la decoración
Helado de stracciatella
Véase receta en página 82
o tu helado favorito
Sirope de chocolate
Véase receta en página 34

CALENTAR ligeramente la leche y mezclarla con la levadura hasta que empiece a burbujear (unos 5 minutos).
AÑADIR la mantequilla a la leche y derretirla sin que la leche llegue a hervir. Agregar la vainilla.
DEJAR entibiar la mezcla.
BATIR los huevos y añadirlos a la mezcla anterior.
MEZCLAR en un bol la harina, el cacao y la sal.
VERTER poco a poco la mezcla líquida en la seca y amasar durante unos 7 minutos para formar una masa suave.
CUBRIR la masa con film transparente y dejarla levar hasta que duplique su tamaño.
INCORPORAR el azúcar perlado y amasar suavemente.
CALENTAR la gofrera y separar trozos de masa de alrededor de unos 100 g.
DISPONER la masa en la gofrera esparciéndola bien por todos lados.
COCER los gofres el tiempo que indiquen las instrucciones de la gofrera, o hasta que estén dorados.
DECORAR los gofres con una bola de helado de stracciatella y sirope de chocolate.

Para cuando te apetezca un capricho, cosa que puede ocurrir cualquier día de las cuatro estaciones, nada mejor que esta fácil, deliciosa y crujiente pizza de chocolate. *Piacere* redondo.

PIZZA *de chocolate*

EQUIPO
Bandeja de horno
Papel de horno o encerado
Papel de cocina
Cuchillo

INGREDIENTES
1 base de pizza refrigerada extrafina
125 g de crema de cacao y avellanas (tipo Nocilla o Nutella)
50 g de almendras fileteadas (opcional)
Aceite de oliva

4 personas

PRECALENTAR el horno a 180 °C (o a la temperatura indicada en el envase de la pizza) con calor solo por abajo.
FORRAR la bandeja del horno con papel encerado.
EXTENDER sobre la masa de la pizza un chorro de aceite de oliva y retirar el exceso con papel de cocina. Esto ayudará a que la pizza suba y se forme una burbuja en la parte superior.
HORNEAR la pizza durante 10 minutos (o según las instrucciones del producto).
SACAR la pizza del horno y cortarla transversalmente con la ayuda de un cuchillo por la mitad.
EXTENDER sobre la base la mitad de la crema de cacao y esparcir por encima las almendras fileteadas (si se usan).
CUBRIR la base con la otra mitad de la pizza y untar la superficie con el resto de la crema de cacao.
SERVIR inmediatamente.

En menos tiempo del que tarda Matthew McConaughey en quitarse la camiseta puedes hacer este delicioso y clásico postre con helado. Despide el verano con algo reconfortante. Con o sin ropa.

PLÁTANO SPLIT

EQUIPO
Cazo
Bol metálico
Espátula de goma
Sacabolas de helado
Cuchillo

INGREDIENTES
150 g de chocolate negro (70 %)
200 ml de nata
60 ml de leche
50 g de azúcar moreno
2 plátanos
20 g de mantequilla
1 cucharada de azúcar glas
Almendras fileteadas o laminadas, para decorar
1 tarrina de helado de buena calidad, de vainilla o de tu sabor favorito

FUNDIR el chocolate en un baño de vapor y dejarlo templar.

AÑADIR poco a poco la nata y remover hasta que quede una mezcla homogénea.

CALENTAR la leche en el microondas y añadirle el azúcar, removiendo para que se disuelva.

Verter la leche en la mezcla de chocolate.

CORTAR los plátanos a lo largo y pasarlos por la plancha junto con la mantequilla y el azúcar glas durante 2 o 3 minutos, o hasta que se caramelicen un poco.

SERVIR los plátanos con una o dos bolas de helado de vainilla, la salsa fundente de chocolate y las almendras fileteadas.

Una variación del famoso *pain perdu* (pan perdido) francés, convertido en pudin con chocolate blanco. Es tan fácil que puedes improvisarlo con cualquier tipo de bollería. De perdido, al pudin.

PUDIN DE PAN BRIOCHE *con chocolate blanco*

EQUIPO
Cazo
Bol
Varillas
Recipiente alto de 15 cm

INGREDIENTES
475 ml de leche entera
225 g de azúcar
150 g de pan brioche, cortado en cubos
100 g de chocolate blanco
2 huevos
Una pizca de jengibre rallado
Helado de vainilla

4-6 personas

PRECALENTAR el horno a 175 °C solo por abajo.
CALENTAR la leche con el chocolate blanco, el jengibre y la mitad del azúcar hasta que quede homogéneo.
BATIR los huevos y el resto del azúcar con las varillas.
INCORPORAR poco a poco la mezcla anterior a la leche.
AÑADIR los brioches hasta que se empapen y colocar la preparación en el molde, procurando que llegue hasta el borde.
HORNEAR el pudin durante media hora, o hasta que esté dorado.
SERVIR el pudin caliente o templado, con una bola de helado preferiblemente de vainilla.

Delicioso y extraordinario, como de otro planeta. Nuestro pudin calentito y fundente a base de pan brioche y chocolate es perfecto para una tarde de manta, peli simpática y buenos amigos. En mi caaasa...

PUDIN DE PAN *y chocolate negro*

EQUIPO
2 boles de cocina
Cazo
Fuente de horno
Espátula
Varillas manuales

INGREDIENTES
10 rebanadas finas de pan duro
150 g de chocolate negro
3 huevos
425 ml de nata líquida para montar
4 cucharadas de licor de café
110 g de azúcar glas
75 g de mantequilla

PRECALENTAR el horno a 180 °C.
QUITAR la corteza de las rebanadas pan y cortarlas en cuatro triángulos.
ENGRASAR el molde con mantequilla y colocar dentro el pan, poniendo los triángulos unos sobre otros.
PONER el chocolate, la nata, el licor, el azúcar y la mantequilla en un bol sobre un cazo de agua hirviendo, con cuidado de que el agua no toque el bol.
REMOVER hasta que los ingredientes se mezclen bien. Dejar enfriar.
BATIR los huevos en otro bol y añadir la mezcla de chocolate. Remover bien hasta que quede una crema homogénea.
VERTER la crema sobre el pan, procurando que quede todo bien cubierto de chocolate.
HORNEAR el pudin de 30 a 35 minutos, o hasta que la parte de arriba esté crujiente y el interior, deliciosamente cremoso.

Aquí llega el pudin que dejará blanco a cualquier otro pudin de chocolate negro que hayas probado antes. En menos de media hora podrás preparar esta sublime receta y disfrutar de su fundente y denso chocolate, frío o templado. Porque tú *puedin*.

PUDIN EXTRÊME *de chocolate*

EQUIPO
Varillas manuales o eléctricas
Cazo
Espátula de goma
6 tazas pequeñas
o 4 ramequines

INGREDIENTES
415 ml de leche entera
60 ml de nata
66 g de azúcar
28 g de cacao puro en polvo
17 g de maicena
Una pizca de sal
100 g de chocolate (70 %),
cortado muy fino
1 cucharadita de extracto
puro de vainilla
1 cucharada de PANCRACIO
Original Chocolate Vodka o de
tu licor favorito (opcional)
250 ml de nata para montar

4-6 personas

MEZCLAR el azúcar, el cacao, la maicena y la sal en un cazo de tamaño mediano.

AÑADIR aproximadamente la mitad de la leche y remover hasta que quede una mezcla suave y uniforme.

AGREGAR la leche restante y la nata a la mezcla anterior.

REMOVER sin parar durante 5 minutos con una espátula de goma a fuego medio, insistiendo en las paredes y el fondo del cazo, hasta que el pudin se espese y empiecen a salir burbujas en los bordes.

COCER el pudin removiendo durante 1 minuto y medio más aproximadamente y añadir el chocolate con cuidado. Seguir removiendo hasta que se derrita y la mezcla quede homogénea.

RETIRAR el cazo del calor e incorporar y la vainilla y el Chocolate Vodka (si se usa).

DIVIDIR el pudin entre las tazas o ramequines.

SERVIR caliente, a temperatura ambiente o frío, según los gustos, acompañado con la nata ligeramente montada.

Ponerle un palo a un caramelo o pegamento a una notita de papel fueron inventos que cambiaron la historia. Nuestro sándwich brioche con chocolate fundido inspirado en el archiconocido de The Wolseley de Londres puede cambiarte el día. Post it.

SÁNDWICH DE CHOCOLATE FUNDENTE

EQUIPO
Sandwichera o tostadora

INGREDIENTES
2 rebanadas de pan de molde (tipo brioche)
20 g de chocolate negro, con leche, blanco o relleno (por ejemplo, de caramelo)
Plátanos en rodajas, nueces, pasas, frutos rojos o leche condensada (opcional)

1 persona

CORTAR el chocolate en trocitos y disponerlo sobre una rebanada de brioche colocada previamente en una sandwichera o tostadora. DISPONER sobre el chocolate el o los ingredientes opcionales elegidos. COLOCAR la segunda rebanada encima y cerrar la sandwichera o tostadora. Estará listo cuando el chocolate se haya fundido y el pan quede crujiente.

Te presentamos esta fácil y ultrarrápida receta, de sabor intenso pero textura ligera. Con el sublime toque dulce y amargo de las naranjas sanguinas, es ideal para tomar caliente o muy fría. Sópate esa.

SOPA DE CHOCOLATE *con naranjas sanguinas*

EQUIPO
Cazo mediano
Bol metálico
Espátula de goma

INGREDIENTES
60 ml de nata
185 ml de leche
La piel de 1 naranja sanguina
180 g de chocolate negro (70 %), troceado
1 cucharada de miel
60 ml de zumo de naranja sanguina
1 cucharada de Grand Marnier o PANCRACIO Original Chocolate Vodka (opcional)
Gajos de naranja

2 personas

CALENTAR en un cazo mediano a fuego medio la nata, la leche y la piel de naranja hasta llevarlo todo a ebullición. Retirar inmediatamente el cazo del fuego y reservarlo durante unos 15 minutos para que se infusionen los ingredientes.
COLOCAR mientras tanto el chocolate y la miel en un bol.
CALENTAR a fuego medio la mezcla láctea infusionada y llevarla a ebullición de nuevo. Verterla en el bol del chocolate y combinarlo todo con ayuda de una espátula de goma, hasta que el chocolate esté completamente fundido y quede una mezcla suave y homogénea.
AÑADIR el zumo de naranja y, si se usa, el licor Grand Marnier o el Chocolate Vodka. Continuar removiendo.
DEJAR enfriar la sopa 30 minutos si se quiere servir a temperatura ambiente. Antes, removerla un poco hasta que esté bien combinada. Para servirla caliente, apartarla del fuego 3 minutos antes, y si se prefiere fría, refrigerarla al menos 2 horas.
DECORAR la sopa con gajos de naranja antes de llevarla a la mesa.

POSTRES SORPRENDENTES

La combinación de chocolate y *bacon* es una de las tendencias culinarias que arrasan en Estados Unidos. Y es que lo bueno *bacon* todo.

BIZCOCHO DE CHOCOLATE *con beicon*

EQUIPO
Batidora manual o eléctrica
Espátula de goma
Molde de bizcocho
Sartén

INGREDIENTES
250 g de mantequilla
250 g de azúcar
200 g de harina
50 g de cacao en polvo
5 huevos
1 cucharadita de levadura en polvo
1 cucharadita de esencia de vainilla
Una pizca de sal
100 g de beicon, en tiras
Ganache de chocolate
Véase receta en página 26

PRECALENTAR el horno a 180 °C.
FREÍR el beicon hasta que esté dorado y crujiente y reservar.
BATIR la mantequilla y el azúcar hasta que quede una mezcla esponjosa.
AÑADIR los huevos uno a uno hasta que se incorporen bien.
AGREGAR la esencia de vainilla.
TAMIZAR la harina, el cacao, la levadura y la sal y añadir a la mezcla anterior, sin dejar de batir, hasta que quede una mezcla homogénea.
PREPARAR la ganache de chocolate (*véase receta en página 26*).
ENGRASAR un molde y verter la mezcla del bizcocho.
HORNEAR durante 45 minutos aproximadamente, o hasta que al pincharlo con un palillo, este salga limpio.
DISPONER la ganache encima del bizcocho.
DECORAR con el beicon frito.

Para celebrar que se acaba la estación seca, te proponemos esta jugosa receta de suaves bizcochos emborrachados con un toque de nuestro Original Chocolate Vodka. Disfrútalos con (poca) responsabilidad. Y tan a gustito.

BORRACHOS *de Chocolate Vodka*

EQUIPO
Varillas eléctricas
Amasadora o robot de cocina
Bol grande
Moldes de silicona
Cazo mediano

INGREDIENTES
6 huevos
150 g de azúcar
200 g de harina de trigo
150 g de maicena
1 sobre de levadura en polvo
Mantequilla, para engrasar

Para el almíbar
300 g de azúcar
1 litro de agua
Unas gotas de zumo de limón
1 chupito de PANCRACIO
Original Chocolate Vodka

8 personas

BATIR bien con las varillas eléctricas los huevos con el azúcar, hasta que aumente el doble su volumen y la mezcla quede de un color pálido.
AÑADIR la harina, la maicena y la levadura e incorporar poco a poco a la mezcla anterior con la ayuda de la amasadora o robot de cocina, hasta que quede todo bien amasado y unido.
DISPONER la masa en moldes engrasados con mantequilla.
HORNEAR a 170 ºC durante 20 minutos, o hasta que vayan subiendo y queden ligeramente dorados. Para comprobar si están hechos, pincharlos con un palillo de madera, que debe salir seco.

Para el almíbar
HERVIR el azúcar, el agua y el limón unos 20 minutos y añadir un chupito de PANCRACIO Original Chocolate Vodka.
SUMERGIR los bizcochos en el almíbar todavía caliente durante unos segundos, no mucho, para evitar que se rompan. Cuando estén empapados, dejar enfriar y servir.

Sorprendente, divertido, fácil y delicioso a partes iguales. Quédate con tus invitados ofreciéndoles este falso camembert de ganache de chocolate blanco con el toque canalla del limón. Corazón de limón, limón, limón.

CAMEMBERT
de chocolate blanco con corazón de curd de limón

EQUIPO
Cazo
Bol
Espátula
Molde de 10 cm de diámetro

INGREDIENTES
400 g de chocolate blanco
80 ml de nata
30 ml de curd de limón
Véase receta en página 32
20 g de azúcar glas

FUNDIR en un baño de vapor el chocolate y la nata.
VERTER en un molde de 10 cm la mitad de la mezcla.
AÑADIR el curd de limón intentando que quede en el centro.
EXTENDER el resto del chocolate encima del curd de limón (*véase receta en página 32*) con cuidado de que no se mezclen.
ENFRIAR en la nevera durante un par de horas, o hasta que endurezca.
DESMOLDAR y servir frío decorando con azúcar glas.

Una base fácil y sorprendente de galleta e intenso cacao en equilibrio con el punto perfecto de caramelo y queso cremoso. Un postre maravilloso que además no necesita horno y que hará muy felices tus cenas de verano. Tu cara me lo dice.

CARAMELO CHEESECAKE

EQUIPO
6 moldes redondos individuales
Espátula de goma
2 boles metálicos
2 cazos
Pelador de verduras
Robot de cocina
Cuchara de madera
Pincel de cocina
Film transparente

INGREDIENTES
140 g de galletas
(tipo Digestive)
50 g de mantequilla
1 cucharada de cacao
puro en polvo
4 hojas de gelatina neutra
300 ml de nata
200 g de queso cremoso
(tipo Philadelphia)
200 g de azúcar
50 ml de agua
Chocolate con leche en
lascas, para decorar

PREPARAR los moldes de aro cubriendo el hueco de la base con film transparente desde su exterior bien sujeto por una gomita.

TRITURAR las galletas hasta reducirlas en polvo, preferiblemente en el robot de cocina.

AÑADIR el cacao y la mantequilla derretida a las galletas y triturar otra vez.

ESPARCIR la mezcla por los moldes, engrasados con mantequilla, hasta obtener una capa fina y presionar hasta hacerla firme. Refrigerar.

CALENTAR en un cazo a fuego medio el azúcar con el agua, removiendo ocasionalmente hasta que se disuelva.

REMOVER durante 5 minutos, con un pincel mojado para que la mezcla no cristalice, hasta llevar a ebullición o hasta que el caramelo adquiera un tono ámbar oscuro. Tener mucho cuidado, durante todo el proceso, para evitar salpicaduras y no quemarse. Retirar del calor y dejar enfriar un poco.

PONER la nata en un cazo a fuego lento hasta que empiece a hervir.

AÑADIR el caramelo líquido y mezclar bien. Colar, solo en el caso de que queden grumos, y batir.

SUMERGIR las hojas de gelatina en agua tibia hasta que se abran.

AÑADIR la gelatina, ligeramente escurrida, a la nata y el caramelo. Trasladar la mezcla a un bol y dejar enfriar.

REMOVER con la ayuda de una cuchara el queso cremoso hasta que quede una mezcla suave para añadirla a la anterior. Remover de nuevo.

VERTER la mezcla sobre la base de galletas que previamente habíamos preparado.

CUBRIR con film transparente y dejar enfriar toda la noche.

SERVIR bien frío y con lascas de chocolate con leche sacadas con el pelador de verduras por encima.

Creado por nuestro querido Javier de las Muelas, uno de los mejores *cocktailmen* del mundo y extraordinaria persona, este delicioso señor cóctel combina a la perfección con nuestras recetas de chocolate más intensas.
Sir Elisir.

The PANCRACIO
DOLCE ELISIR
by Javier de las Muelas

EQUIPO
Coctelera

INGREDIENTES
3 drops (gotas) de Droplets Fresh Ginger
10 ml de clara de huevo
1 barspoon (cucharadita) de sirope de agave azul
60 ml de zumo fresco de pomelo
10 ml de licor Mandarin Napoleon
30 ml de PANCRACIO Original Chocolate Vodka
Hielo

BATIR los ingredientes en una coctelera con abundante hielo.
SERVIR el cóctel en una copa helada.
FINALIZAR con la decoración.

The PANCRACIO
CHOCOLATE TRUFFLE MARTINI

INGREDIENTES
235 g de nata
140 g de chocolate negro, troceado
30 ml de Baileys
60 ml de PANCRACIO Original Chocolate Vodka

HERVIR la nata hasta llevar a ebullición.
DISPONER el chocolate en un bol y verter sobre él la nata. Remover con una espátula de goma hasta que quede una mezcla homogénea.
RESERVAR una pequeña parte de la ganache para decorar la copa con ayuda de una manga pastelera. También podemos hacer un cono de papel, cerrado con film transparente y cortando un poco del vértice.
AGITAR en coctelera la ganache, Baileys, y PANCRACIO Original Chocolate Vodka con hielo.
VERTER sobre las copas de Martini decoradas.

The PANCRACIO
WHITE RUSSIAN CARAMEL

INGREDIENTES
2 partes de nata
2 partes de PANCRACIO Original Chocolate Vodka
1 parte de licor de café
Salsa caramelo (tipo toffee)
Hielo

AGITAR todos los ingredientes en coctelera hasta que estén bien mezclados.
DECORAR previamente con la salsa toffee interior del vaso.
AÑADIR el hielo y la mezcla.
SERVIR inmediatamente.

The PANCRACIO
MUDSLIDE

INGREDIENTES
1 parte de PANCRACIO Original Chocolate Vodka
1 parte de licor Kahlúa
1 parte de Baileys
1 parte de leche o nata
Hielo
Sirope de chocolate, para decorar
Véase receta en página 34

AGITAR todos los ingredientes en la coctelera hasta que estén bien mezclados.
VERTER el mudslide en una copa (tipo Hurricane).
DECORAR previamente con el sirope de chocolate en el interior de la copa, si se desea.

En la simplicidad de las cosas reside la belleza del amor, decía el viejo poema. No encontramos una forma más simple y exquisita de fusionar dos ingredientes estrella, el vino tinto y el chocolate, para decirle a esa persona tan especial cuánto la queremos. Sin con fusión.

GELATINA DE VINO TINTO *con chocolate negro*

EQUIPO
2 cazos
Cuchara de madera
2 boles metálicos
Moldes individuales de
aro de 7,5 cm
Espátula de goma
Film transparente

INGREDIENTES
200 g de azúcar
325 ml de vino tinto
1 cucharadita de canela
en polvo
12 láminas de gelatina neutra
Fresones

Para la ganache de chocolate
100 ml de nata
150 g de chocolate negro

3 personas

PREPARAR los moldes de aro cubriendo el hueco de la base con film transparente desde su exterior bien sujeto por una gomita.
DISOLVER en un cazo a fuego medio el vino con el azúcar hasta que se disuelva y dejar reposar durante 10 minutos.
SUMERGIR las láminas de gelatina en agua tibia hasta que se ablanden.
AÑADIR la gelatina ligeramente escurrida a la mezcla del vino.
VERTER en los moldes y dejar que cuaje.

Para la ganache de chocolate
FUNDIR el chocolate en un baño de vapor y templar. Añadir la nata gradualmente e incorporar con la ayuda de la espátula de goma hasta que quede una mezcla suave y homogénea.
VERTER una fina capa sobre cada molde y enfriar.
DESMOLDAR con cuidado y decorar con finas láminas de fresón.

Déjame que te cuente, limeña: esta es una fácil y sorprendente receta para homenajear a mamá con una deliciosa base de galletas de chocolate y una crema de queso perfumada con lima. *Alímate* y hazla.

LIMEÑAS *de chocolate blanco*

EQUIPO
Molde rectangular de aproximadamente 20 x 30 cm
Cazo
Bol grande
Varillas eléctricas
Varillas manuales
Espátula
Papel de horno o encerado

INGREDIENTES
250 g de chocolate blanco
330 g de galletas de chocolate (tipo Graham Crackers*)
200 g de nata líquida para montar
250 g de queso cremoso (tipo Philadelphia)
3 cucharadas de azúcar glas
3 cucharadas de zumo de lima
1 cucharada de ralladura de lima
Triángulos finos de lima, para decorar
Mantequilla, para engrasar

9 personas

UNTAR el molde con mantequilla y forrarlo con papel de horno.
FUNDIR el chocolate blanco en un baño de vapor y dejarlo enfriar.
TRITURAR las galletas a mano o mejor en una picadora y mezclarlas con cuatro cucharadas generosas del chocolate fundido. Mezclar hasta que quede una masa homogénea.
EXTENDER la mezcla en el molde previamente preparado dejando aproximadamente un centímetro de altura y enfriar.
MEZCLAR el queso, el azúcar, el chocolate, el zumo de lima y la ralladura hasta que quede una masa suave y homogénea.
MONTAR la nata hasta que se formen picos suaves con la ayuda de las varillas eléctricas.
INCORPORAR con movimientos envolventes la nata montada a la mezcla anterior con la ayuda de una espátula.
EXTENDER la mezcla sobre la base de galleta.
ENFRIAR al menos durante 2 horas, o hasta que la masa se asiente.
RETIRAR de la fuente y cortar en 9 trozos.
DECORAR con triángulos pequeños de lima y servir.

NOTA: Este tipo de galleta de chocolate es muy popular en América. Aquí las hay en los supermercados con formas de animales o de *Los Simpson*.

¡Que empiecen las fiestas! Esta deliciosa mezcla de crujiente merengue y cremosa nata es típica del norte de Italia. Nosotros le añadimos un fondo de caramelo salado y un toque, cómo no, de dos chocolates. Elegante y *delicatta*.

EQUIPO
Cazo
Bol metálico
Boles
Bandeja de horno
Varillas eléctricas
Cuchara de madera
Pincel de cocina
Film transparente
Termómetro digital
Vasos
Espátula de goma
Papel de horno o encerado

INGREDIENTES
Mantequilla, para engrasar
3 claras de huevo
180 g + 20 g de azúcar glas
200 ml de nata
100 g de chocolate blanco o negro
Almendras laminadas, para decorar

Para la salsa de caramelo salado
200 g de azúcar
50 ml de agua
125 g de mantequilla salada

4 personas

NOTA: El caramelo salado debe trabajarse con extrema precaución ya que el caramelo alcanza elevadas temperaturas.

MERENGATTA *con caramelo salado y dos chocolates*

PRECALENTAR el horno a 180 °C.
ENGRASAR con la mantequilla y cubrir con papel de horno la bandeja.
MONTAR en un bol de cocina las claras con las varillas eléctricas a punto de nieve hasta que se formen picos suaves.
AÑADIR gradualmente, y sin dejar de batir, los 180 g de azúcar glas hasta obtener un espeso y brillante merengue.
VERTER la mezcla a la bandeja previamente preparada.
EXTENDER la mezcla cuidadosamente usando la espátula de goma o un utensilio plano.
HORNEAR durante 15 minutos, o hasta que el merengue esté muy hecho. Debe quedar crujiente.
SACAR del horno, pasado el tiempo, y dejar enfriar.
TROCEAR el merengue presionando con las manos.
MONTAR la nata bien fría con los 20 g de azúcar.
MEZCLAR la nata con los trozos de merengue, justo antes de servir, para que este no se ablande.

Para la salsa de caramelo salado
CALENTAR en un cazo a fuego medio el azúcar con el agua, removiendo ocasionalmente con una cuchara de madera hasta que se disuelva.
REMOVER durante 5 minutos hasta llevar a ebullición, con un pincel mojado para que la mezcla no cristalice, hasta que adquiera un tono dorado. Retirar del calor.
VERTER con cuidado la mantequilla salada sobre el caramelo removiendo enérgicamente.

Para el chocolate
FUNDIR el chocolate en un baño de vapor.
ATEMPERAR el chocolate (*véanse instrucciones en página 13*). Con la ayuda de una espátula de goma, disponer el chocolate atemperado en el film transparente, dándole la forma deseada.
VERTER la salsa de caramelo en el fondo de los vasitos y añadir la mezcla de merengue con nata.
DECORAR con más salsa de caramelo salado, con el chocolate y las almendras laminadas.
SERVIR bien frío.

Un postre que dejará a todos impresionados por su sencillez y espectacular resultado de crujiente merengue, chocolate, limón y nata. *Natarrepentirás.*

MERENGATTA
con chocolate blanco, curd de limón y frutos rojos

EQUIPO
Bol
Varillas eléctricas o manuales
Espátula de goma

INGREDIENTES
100 g de merengues secos (comprados)*
150 ml de nata para montar
60 g de azúcar glas
Curd de limón, al gusto
Véase receta en página 32
Frutos rojos (arándanos, frambuesas)
75 g de chocolate blanco

MONTAR la nata con el azúcar glas.
TROCEAR en trozos grandes los merengues.
MEZCLAR con cuidado la nata con los trozos de merengue.
CORTAR el chocolate blanco en trocitos e incorporarlo a la mezcla anterior.
DISPONER el resultado en boles de porcelana para servir.
DECORAR con curd de limón al gusto (*véase receta en página 32*), arándanos y frambuesas.

NOTA: Si deseas hacer tú mismo el merengue, puedes elegir el de la página 144 pero alargando a 50 minutos el tiempo total de horneado, o hasta que el merengue quede seco.

La panna cotta es un clásico postre italiano muy sencillo, de nata cocida (*panna cotta*) con azúcar y gelatina. Originaria del Piamonte, combina deliciosamente con nuestra nueva mermelada de frambuesa con pimienta rosa. La *cotta nostra*.

PANNA COTTA
con mermelada de frambuesa pimienta rosa

EQUIPO
Cazo
Bol
Vasos de cristal
Varillas manuales
Film transparente

INGREDIENTES
4 láminas de gelatina neutra
225 ml de leche fría
800 ml de nata
70 g de azúcar

6-8 personas

DILUIR la gelatina sumergiéndola en la leche fría.
LLEVAR a ebullición la nata con el azúcar y hervir durante 2 minutos.
APARTAR del fuego y dejar templar.
AÑADIR la gelatina junto con la leche y remover con ayuda de las varillas.
SERVIR en los vasos de cristal una base de mermelada de frambuesa y otra de la mezcla.
Tapar con film transparente.
ENFRIAR en la nevera al menos durante 4 horas antes de tomar.

Si algo recuerdas desde tu más tierna infancia es que a mamá le encantan los rulos. En su día prepárale esta deliciosa versión de merengue. Con mucha pasión.

RULO DE MERENGUE
con fruta de la pasión, nata y chocolate blanco

EQUIPO
Batidora
Varillas eléctricas
Espátula de goma
Bandeja de horno
Bol
Papel de horno o encerado

INGREDIENTES
Mantequilla, para engrasar
3 claras de huevo
180 g de azúcar glas
1 cucharadita de harina de maíz (maicena)
200 ml de nata
3 piezas grandes y maduras de fruta de la pasión (maracuyá)
Chocolate blanco, cortado en láminas

4 personas

PRECALENTAR el horno a 180 °C

ENGRASAR con la mantequilla y forrar con papel de horno una bandeja rectangular de aproximadamente 22 x 32 cm

BATIR con las varillas eléctricas en un bol las claras a punto de nieve hasta que se formen picos suaves.

AÑADIR gradualmente, y sin dejar de batir, el azúcar glas hasta obtener un espeso y brillante merengue.

INCORPORAR, sin dejar de batir, la harina.

VERTER la mezcla en la bandeja previamente preparada.

EXTENDER cuidadosamente usando la espátula de goma o un utensilio plano.

HORNEAR durante 15 minutos, o hasta que el merengue esté ligeramente dorado. Sacar del horno y, con la ayuda de otra lámina de papel de horno, dar la vuelta al merengue. Volver a meter en el horno durante otros 15 minutos por la parte que no estaba hecha.

SACAR del horno, pasado el tiempo, y dejar enfriar.

MONTAR la nata.

CORTAR la fruta de la pasión por la mitad, sacar la pulpa y batir hasta que quede una mezcla homogénea.

EXTENDER una fina capa de nata sobre el merengue y otra de fruta de la pasión, pero sin llegar completamente a los bordes.

ENROLLAR el merengue relleno incorporando la base al plato donde lo vayamos a servir.

DECORAR con láminas de chocolate blanco.

Esta clásica tarta latinoamericana lleva, como su propio nombre indica, leche evaporada, leche y leche condensada. En nuestra versión hemos sustituido esta última por chocolate blanco fundido. ¿El resultado? La leche.

Tarta TRES LECHES

EQUIPO
Varillas eléctricas
Espátula de goma
Molde redondo de 18 cm de diámetro y 10 cm de alto

INGREDIENTES
Mantequilla, para engrasar
300 ml de leche evaporada
300 ml de nata
300 g de chocolate fundido
200 g de harina tamizada
200 g de azúcar
5 huevos
2 cucharaditas de esencia de vainilla
Fresas, para decorar

Para el relleno y la cobertura
250 ml de nata para montar
100 g de azúcar glas
30 g de chocolate blanco en rizos

PRECALENTAR el horno a 180 °C.
ENGRASAR un molde redondo y reservar.
BATIR con las varillas eléctricas los huevos, la esencia de vainilla y el azúcar hasta que doble su volumen, unos 10 minutos aproximadamente.
AÑADIR la harina y, con una espátula, mezclar con cuidado.
VERTER la mezcla en el molde previamente engrasado y meter en el horno durante 35-40 minutos, o hasta que al insertar un palillo, salga limpio.
DEJAR enfriar el bizcocho y, una vez frío, cortar en tres partes iguales.
MEZCLAR la leche evaporada, la nata y el chocolate fundido.
DISTRIBUIR la mezcla anterior por la superficie de los bizcochos.

Para el relleno y la cobertura
MONTAR la nata y, cuando esté casi montada, añadir poco a poco el azúcar glas.
RELLENAR los bizcochos con la nata montada.
DECORAR la parte superior con nata y fresas, o cualquier otra fruta al gusto, y unos rizos de chocolate blanco.

Porque tu idea de una dieta milagro no incluye un brote de salmonella, te proponemos este fácil y delicioso tiramisú que no lleva huevo crudo. Perfecto para barbacoas y celebraciones familiares.

TIRAMISÚ *tirado*

EQUIPO
Boles
Batidora de varillas
Molde rectangular (para celebraciones son ideales los de papel de aluminio)
Espátula de goma
Colador

INGREDIENTES
125 ml de café negro
85 ml de PANCRACIO Original Chocolate Vodka (vale, o de vino dulce o de tu licor favorito)
1 paquete de bizcochos de soletilla
Cacao en polvo

Para el relleno
500 g de mascarpone
400 ml de nata líquida
4 cucharadas de azúcar glas

4-6 personas

BATIR con ayuda de una batidora eléctrica el mascarpone, la nata y el azúcar glas en un bol hasta que quede una mezcla ligera y cremosa, pero sin batir en exceso.
MEZCLAR el café y el Chocolate Vodka en un bol o plato hondo.
SUMERGIR rápidamente cada bizcocho en la mezcla anterior y disponer en la base de un molde.
CUBRIR con la mitad de la crema, extendiéndola con ayuda de una espátula.
REPETIR los dos últimos pasos para crear una segunda capa.
ESPOLVOREAR usando un colador con abundante cacao en polvo y guardar en la nevera. Mejor refrigerar toda la noche.

NOTA: Siempre es mejor batir a máquina, pero si no tienes, hazlo a mano, cambiando de mano de vez en cuando, en cuyo caso puedes dar unos días de descanso a tu entrenador personal o, mejor aún, dejar que bata tu entrenador personal.

Un clásico de la repostería alemana en tres deliciosas capas de bizcocho de chocolate, cerezas y nata. Es capa de lo más oscuro.

TRIFFLE *selva negra*

EQUIPO
Varillas eléctricas
Cazo
Colador
Espátula de goma
Cortador redondo
Vaso para servir
Pelador o cuchillo

INGREDIENTES

Para el bizcocho
Véase receta en página 24

Para la nata
150 ml de nata para montar
60 g de azúcar glas

Para la salsa de cerezas
250 g de cerezas en almíbar
20 g de azúcar

Para decorar
Un par de cerezas
Lascas de chocolate

2 personas

HACER el bizcocho (*véase receta en página 24*).

BATIR la nata con las varillas y, cuando empiece a aumentar el volumen, añadir el azúcar y terminar de montar. Reservar.

CALENTAR en el cazo la parte líquida de las cerezas con el azúcar hasta que se cree un sirope. A continuación, añadir las cerezas enteras y cocinar durante 5 minutos removiendo con la espátula. Dejar enfriar.

DIVIDIR el bizcocho por la mitad o, dependiendo de su grosor, en tres partes.

CORTAR las capas de bizcocho con el cortador redondo del tamaño del vasito en el que se vaya a servir.

INTERCALAR por orden una capa de bizcocho, las cerezas y la nata hasta llegar al borde del vaso.

REFRIGERAR entre 2 y 4 horas para que asiente.

DECORAR con chocolate en lascas, con ayuda de un pelador o cuchillo, y con una cereza.

Hemos pedido a la experta y gran dama del *antiaging* en España, Carmen Giménez Cuenca, autora del libro *Objetivo Rejuvenecer* (Editorial Grijalbo) que supervise nuestras recetas saludables y este es su veredicto:

Para mí, es un gustazo y un honor aparecer en *Chocolate posmoderno* de PANCRACIO. He supervisado el apartado «Orgánico, natural y sano» y es fabuloso. Me gustan los nombres de las recetas y las combinaciones originales de los ingredientes. Como experta en *antiaging* valoro la gran riqueza en nutrientes de los ingredientes naturales. Me entusiasman especialmente las barritas energéticas de cacao, el cake zen, los pancakes de avena, los polos de chocolate y los smoothies de chocolate de colores. ¡Delicias sanas!

Los dulces que contienen siropes, y sobre todo los que llevan azúcar, hay que disfrutarlos con moderación, aunque pueden tener un potente efecto *antiaging* en el organismo por la liberación del beneficioso oxido nítrico y las endorfinas. Estas recetas proporcionarán a las personas un placer rejuvenecedor y saludable siempre y cuando no superen el máximo de azúcares diarios recomendados por la OMS (entre 25-50 gramos al día). Así que, con mucho gusto, las recomiendo como fuentes de placer *antiaging*.

¡Salud!

Carmen

ORGÁNICO, NATURAL Y SANO

Recupera tus ganas de
sentirte capaz de todo con
una de nuestras deliciosas
barritas cargadas de sabor
y macronutrientes.
Y libres de culpa.

BARRITAS ENERGÉTICAS *de cacao*

EQUIPO
Robot de cocina
Rodillo
Cuchillo
Cazo
Boles
Espátula de goma
Papel de horno o encerado
Cuchara

INGREDIENTES
80 g de dátiles
70 g de nueces
70 g de avellanas
60 g de pasas
50 g de chocolate en gotas
40 g de chocolate (80 %)
30 g de semillas de chía
30 g de semillas de cáñamo
30 g de semillas de lino
30 g de pipas de calabaza
1-2 cucharadas de aceite de
coco (si fuera necesario)

Para baño y decoración
50 g de chocolate (70 %),
para decorar

8 barritas

TRITURAR en un robot de cocina los dátiles, las nueces, las avellanas, las pasas, las semillas de chía, las semillas de cáñamo, las semillas de lino y las pipas de calabaza.
AÑADIR el chocolate en gotas y mezclar hasta que se forme una pasta compacta. Si queda un poco seca o si se desea, agregar el aceite de coco.
EXTENDER la mezcla sobre una mesa y alisar con el rodillo hasta tener el grosor deseado para las barritas (unos 2 cm, máximo).
CORTAR con un cuchillo al tamaño deseado.
REFRIGERAR durante 1 hora para que asiente.

Para baño y decoración
FUNDIR el chocolate en un baño de vapor.
BAÑAR la parte inferior de las barritas en chocolate y depositar sobre un papel de horno.
DECORAR la parte superior creando líneas con ayuda de una cuchara bañada en el chocolate fundido.

Si aún te preguntas a
qué saben las nubes,
probablemente tengamos
una respuesta: a este suave y
esponjoso bizcocho japonés
de solo tres ingredientes.
Un trozo de cielo.

BIZCOCHO JAPONÉS *de chocolate blanco*

EQUIPO
Cazo
Bol
Varillas manuales o eléctricas
Espátula de goma
Molde redondo de 15 cm
Papel de horno o encerado
Bandeja de horno honda
Agua

INGREDIENTES
125 g de chocolate blanco
125 g de queso crema
3 huevos

4-6 personas

PRECALENTAR el horno a 170 °C.
SEPARAR las claras de las yemas y batir las claras a punto de nieve
con las varillas.
FUNDIR el chocolate en un baño de vapor.
AÑADIR el queso crema al chocolate fundido y mezclar con una espátula
de goma.
VERTER las yemas en el recipiente anterior y volver a mezclar.
INCORPORAR con cuidado las claras montadas con la mezcla de chocolate
hasta que quede homogéneo y remover con movimientos envolventes para
que no se bajen las claras.
COLOCAR el papel de horno en la bandeja y verter la mezcla.
LLENAR un poco menos de la mitad de la bandeja de horno con agua
y colocar el molde con la masa encima.
HORNEAR durante 15 minutos a 170 °C. Pasado ese tiempo, bajar a 160 °C
y hornear otros 15 minutos. Con el horno apagado, dejarlo 15 minutos
más y luego sacar y dejar enfriar.
DESMOLDAR y servir.

Todo un clásico en versión vegana a base de frutas y frutos secos, sin nada de harina y con un baño naturalmente brillante de chocolate que está delicioso. Si no te creen, pónselo crudo.

BROWNIE CRUDO

EQUIPO
Robot de cocina
Boles
Varillas
Papel de horno o encerado
Molde cuadrado de 15 cm aproximadamente

INGREDIENTES

Para el brownie
320 g de dátiles
100 g de almendras crudas
100 g de nueces
100 g de pasas
60 g de cacao en polvo
50 g de avellanas crudas
1 cucharadita de sal

Para la cobertura
4 cucharadas de aceite de coco líquido
4 cucharadas de cacao en polvo
2 cucharadas de sirope de arce

8 personas

TRITURAR en un robot de cocina las nueces, las avellanas y las almendras hasta que queden molidas.
AÑADIR el cacao en polvo y la sal y picar de nuevo. Reservar en un bol.
COLOCAR los dátiles y las pasas en el robot de cocina y continuar hasta que queden en trozos pequeños.
COMBINAR las dos partes que hemos triturado previamente y mezclar bien hasta que quede una masa consistente.
DISPONER la masa en un molde con papel de horno y distribuir bien.
REFRIGERAR unos 10-15 minutos.

Para la cobertura
MEZCLAR en un bol el aceite de coco líquido, el cacao en polvo y el sirope de arce y batir todo bien.
DISTRIBUIR la cobertura sobre la superficie del brownie, cortar y servir.

Esta deliciosa y original receta proviene de un monasterio zen californiano, de ahí sus ingredientes sorprendentes, nada convencionales (judías negras, aceite de coco, estevia...), su sabor sutil y su textura jugosa. Es para cuando realmente necesitas algo sano y un toque de chocolate. *Zensacional.*

CAKE ZEN

EQUIPO
Molde de cake de 25 x 12 cm aproximadamente
Papel de cocina, para la base del molde
Colador grande
Robot de cocina o batidora eléctrica
Varillas eléctricas
Bol grande de cocina

INGREDIENTES
150 g de judías negras (o 300 g una vez cocinadas; para ello, seguir las instrucciones del paquete)
3 + 2 huevos de campo
Una pizca de sal
6 cucharadas de aceite de coco extra virgen
200 g de miel
1 cucharada de extracto puro de estevia
40 g de cacao puro en polvo (y un poco más para preparar el molde)
1 cucharada de levadura en polvo
1 cucharadita de bicarbonato sódico
Mantequilla, para engrasar
Fresas u otra fruta, para decorar (opcional)

PRECALENTAR el horno a 160 °C.

ENGRASAR el molde con mantequilla y espolvorear con cacao, retirándole con unos golpecitos lo que sobre. Engrasar papel de cocina, adherir a la base del molde y volver a engrasar.

LAVAR bien las judías y escurrir el exceso de agua en el colador.

BATIR en el robot de cocina o en la batidora durante un mínimo de 3 minutos las judías, los 3 huevos, la estevia y la sal hasta que quede lo más líquido posible y sin grumos. No importa si ves que el pellejo de las alubias no se tritura del todo.

MEZCLAR el cacao, la levadura y el bicarbonato, previamente tamizados. Apartar.

BATIR con las varillas eléctricas el aceite de coco con la miel, hasta que la mezcla quede pálida y blanda.

AÑADIR los 2 huevos restantes, batiendo un minuto cada uno.

INCORPORAR la mezcla de las judías a la de los huevos y mezclar bien.

AÑADIR el cacao poco a poco y batir durante 1 minuto.

VERTER la mezcla en el molde de cake. Golpear suavemente el molde para evitar burbujas de aire.

HORNEAR durante 40-45 minutos. Enfriar por lo menos 10 minutos antes de consumir.

SERVIR con nata sin azúcar ligeramente montada y fresas u otra fruta (si se usa).

¿Es un cake? ¿Es un coulant?
No, es un volcán de auténtico
placer con un interior lleno
de intenso chocolate fundido.
A lava do sea.

CHOCOLAVA *Cakes*

EQUIPO
4 ramequines o
recipientes altos
Robot de cocina
Cazo
Batidora

INGREDIENTES
120 g de alubias negras cocidas
80 ml de sirope de arce
60 g de compota de manzana
60 g de cacao en polvo
30 g de harina de almendra
12 onzas de chocolate
1 huevo
1 cucharadita de levadura
en polvo
1 cucharadita de vinagre
de manzana
½ cucharadita de sal
Aceite de coco, para engrasar

Para la compota de manzana
120 ml de agua
65 g de azúcar
1 manzana grande
1 cucharadita de canela
en polvo

4 personas

PONER en un cazo el agua y el azúcar y llevar a ebullición.
PELAR la manzana, cortarla y añadirla al cazo junto con la canela.
COCINAR durante media hora y triturar con la batidora. Reservar.
PRECALENTAR el horno a 180 °C.
TRITURAR en el robot de cocina las alubias negras, el sirope de arce,
la compota de manzana, el vinagre de manzana y una pizca de sal.
AÑADIR a la mezcla anterior la harina de almendra, el cacao en polvo
y el huevo.
BATIR todo hasta que esté homogéneo y añadir la levadura.
ENGRASAR los moldes con aceite de coco.
VERTER en cada molde la masa hasta que llegue a la mitad del recipiente.
COLOCAR 3 onzas enteras de chocolate encima de la mezcla anterior
de cada molde.
LLENAR el resto de la capacidad de los moldes con la masa hasta
que quede a 2 cm del borde.
HORNEAR durante 20-25 minutos.
REPOSAR durante 10 minutos fuera del horno.
DESMOLDAR y servir templado.

Con estas deliciosas galletas, podrás iniciarte en lo último en nutrición sana: lo crudo, (*raw food,* en inglés); además de satisfacer en un instante tu profundo deseo de chocolate. Un auténtico capricho, sin culpa. Ma *raw* villoso.

GALLETAS *crudas*

EQUIPO
Bol
Cazo
Espátula de goma
Cuchillo y tenedor
Papel antiadherente

INGREDIENTES
40 g de copos de avena integrales
65 g de chocolate negro (52 %), en trozos pequeños
Un plátano pequeño
Una cucharadita de extracto de vainilla
Una cucharadita de semillas de chía
Una cucharadita de cacao puro en polvo
Una pizca de azúcar moreno

7 galletas pequeñas

FUNDIR el chocolate al baño María.
CORTAR el plátano y aplastar con un tenedor.
MEZCLAR el chocolate y el plátano hasta que esté todo homogéneo.
AÑADIR el resto de ingredientes.
REMOVER hasta conseguir que el chocolate lo cubra todo.
COLOCAR la mezcla en porciones sobre un papel antiadherente.
REFRIGERAR durante 1 hora.

Ricos en proteínas, sin harina, sin azúcar y sin mantequilla y con todo el poder natural del cacao y la avena. Demasiado bueno para ser verdad. *¿Ca ke sí?*

PANCAKES DE AVENA *con chocolate y arándanos*

EQUIPO
Robot de cocina
Espátula
Sartén

INGREDIENTES
115 g de avena
1 cucharada de levadura en polvo
1 yogur griego
2 huevos
75 ml de agua
1 cucharadita de aceite
1 cucharadita de esencia de vainilla
Una pizca de canela
15 g de cacao en polvo
Sirope de chocolate (opcional) *véase receta en página 34,*
Arándanos y plátanos

TRITURAR la avena y la levadura con el robot de cocina.
BATIR el resto de ingredientes con la mezcla anterior hasta que esté todo homogéneo.
CALENTAR a fuego medio una sartén antiadherente previamente engrasada con el aceite de oliva.
VERTER un poco de la masa y cocer durante 2 minutos por cada lado, o hasta que el pancake esté dorado.
REPETIR con el resto de la masa.
DECORAR con los arándanos, el plátano cortado en rodajas finas y el sirope de chocolate (si se usa).

NOTA: Para un resultado más sano todavía, decorar con un poco de sirope de agave en vez de chocolate.

Una paraguaya convertida
en doughnut con un fácil
y delicioso glaseado de
chocolate.
Guay del Paraguay.

PARAGUANUTS

EQUIPO
Cazo
Bol
Cuchillo
Deshuesador

INGREDIENTES
4 paraguayas
Agua hirviendo

**Para el glaseado de
chocolate negro**
Véase receta en página 28

LAVAR bien las paraguayas.
BLANQUEAR las paraguayas con la piel en un cazo con agua hirviendo
durante 30 segundos. De esta forma será más fácil pelarlas sin que pierdan
su forma. Apartar para que sequen un poco y dejar enfriar.
DESHUESAR las paraguayas con ayuda de un cuchillo o deshuesador
de frutas, de forma que queden con un hueco en el centro, como en los
doughnuts.
PELAR las paraguayas, intentando que no pierdan la forma redondeada.
Si quedan facetas, redondear un poco modelando con el cuchillo.
CUBRIR con un glaseado de chocolate negro (*véase receta en página 28*)
y con almendras troceadas (si se usan).
SERVIR frío y consumir antes de 4 horas.

La aquafaba es conocida como el merengue vegano. Se hace, créetelo, simplemente montando el agua de los tarros de garbanzos y está revolucionando la gastronomía saludable. Una idea *faba losa.*

PAVLOVA *de* AQUAFABA

con chocolate blanco y frutos rojos

EQUIPO
Papel de horno o encerado
Manga pastelera
Bol
Varillas eléctricas
Batidora
Colador

Para la aquafaba
1 bote de garbanzos cocidos ecológicos (unos 170 g aproximadamente)
60 g de azúcar glas

Para el coulis de frambuesas
Véase receta en página 32

Para decorar
Chocolate blanco, cortado en lascas
Frutas del bosque (frambuesas y arándanos)

4 personas

COLAR el bote de garbanzos y echar el líquido en un bol.

MONTAR con las varillas el líquido de los garbanzos y, cuando empiece a espumar, añadir poco a poco el azúcar glas.

DIBUJAR en el papel de horno 8 discos de unos 8 cm de diámetro.

RELLENAR con merengue cuatro de ellos, con ayuda de una manga pastelera y siguiendo un movimiento en forma de espiral de dentro hacia fuera. Repetir lo mismo con los otros cuatro pero de forma que quede un hueco en el centro (*véase ilustración abajo*).

HORNEAR durante 1 hora y media, o hasta que estén secos por el exterior. La última media hora de cocción, dejar un poco encajada la puerta del horno con una cuchara de madera.

LLENAR una manga pastelera con la aquafaba que hicimos anteriormente, si es necesario, montar con las varillas un poco más.

DISPONER en un plato un disco de aquafaba seco, cubrir con una capa de aquafaba montada y colocar encima otro disco en forma de rosco. Rellenar el hueco con aquafaba montada y cubrir con más aquafaba.

DECORAR con las frambuesas, moras y arándanos.

AÑADIR el coulis y el chocolate blanco en lascas.

SERVIR bien frías.

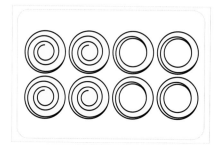

Aguacate, cacao puro y plátano... tres superalimentos unidos en una receta deliciosa y saludable a la vez. Refresca tus días con un sabor sorprendente, lleno de exquisita cremosidad. Y vacío de culpa.

POLOS CHOCOGUACATE

EQUIPO
Moldes de polos
Cuchillo
Robot de cocina

INGREDIENTES
2 aguacates pequeños
250 ml de leche de coco
125 ml de miel
1 cucharadita de extracto de vainilla
45 g de cacao en polvo desgrasado
1 plátano pequeño

CORTAR los aguacates y quitar el hueso.
TRITURAR en el robot de cocina y añadir el resto de ingredientes hasta que se forme una pasta cremosa.
VERTER en un molde para helados.
CONGELAR durante 4 horas como mínimo, lo ideal es que fuera durante toda la noche.

Si tus planes detox siguen en pendiente, prepárate uno de nuestros deliciosos smoothies repletos de supernutrientes, ultrasaludables... ¡y con un toque de chocolate! Salud y placer juntos. Puedes tener de *tox*.

SMOOTHIES DE CHOCOLATE

SMOOTHIE DE CHOCOLATE ROJO
3 fresas
6 frambuesas
9 cerezas deshuesadas
¼ de aguacate
2 remolachas (peladas y al vapor, de las que venden envasadas al vacío)
1 cucharada de cacao puro en polvo
2 hojas de kale (o de espinacas o acelgas)
300 ml de leche de almendra (o de tu leche vegetal favorita, de arroz, avena, espelta, soja...)

SMOOTHIE DE CHOCOLATE NEGRO
½ mango en cubos
½ taza de moras
2 hojas de espinacas (o de la hoja verde que prefieras: kale, acelga, etc.)
2 cucharadas de cacao puro en polvo
300 ml de leche de almendra (o de tu leche vegetal favorita, de arroz, avena, espelta, soja...)

SMOOTHIE DE CHOCOLATE VERDE
2 ciruelas amarillas, peladas, deshuesas y cortadas
½ taza de arándanos azules
1 taza de piña natural en trozos
3 hojas de espinacas (o de la hoja verde que prefieras: kale, acelga, etc.)
1 cucharada de cacao puro en polvo
1 arbolito de brócoli
300 ml de leche de almendra (o de tu leche vegetal favorita, de arroz, avena, espelta, soja...)

Poner primero el líquido en el vaso de una batidora de jarra o de smoothies, y seguir con el resto de los ingredientes. Los smoothies en general son fáciles de hacer y siempre están buenos. Siéntete libre de aumentar, reducir o cambiar ligeramente los ingredientes según tus preferencias... y tu despensa. Quién esté preocupado por su ingesta de proteína puede añadir proteína en polvo vegetariana (cáñamo, guisante, etc.) o no, o yogur.

La combinación de aguacate y chocolate es una de las más sorprendentes, saludables y exquisitas de la repostería orgánica y natural. Nuestra versión, como siempre, es fácil y fabulosa. *Choco guagua.*

Tarta CHOCOGUACATE

EQUIPO
Robot de cocina
Espátula
Molde desmontable redondo de 22 cm aproximadamente
Papel de horno o encerado
Cazo
Bol
Espátula

INGREDIENTES
Para la base
80 g de almendras crudas
30 g de avellanas crudas
4 cucharadas de cacao en polvo
2 cucharadas de aceite de coco
3 cucharadas de sirope de arce o de agave

Para el relleno
250 g de chocolate (70 %)
85 ml de sirope de arce
30 ml de aceite de coco
5 ml de extracto de vainilla
2 aguacates grandes, pelados y cortados

10 personas

TRITURAR en el robot de cocina las almendras, las avellanas, el cacao en polvo, el aceite de coco y el sirope de arce.
DISPONER la mezcla anterior en el molde con papel de horno presionando bien para que quede compacto. Refrigerar durante al menos media hora.
FUNDIR el chocolate y el aceite de coco en un baño de vapor.
COLOCAR en el robot de cocina los aguacates, el sirope de arce y la vainilla. Triturar todo y añadir poco a poco el chocolate fundido hasta que quede una mezcla homogénea.
VERTER la mezcla resultante encima de la base que teníamos refrigerada.
ALISAR la superficie con una espátula y refrigerar durante al menos 2 horas.
SERVIR frío.

Deliciosa tarta sana y natural, con un toque sorprendente de remolacha que combina a la perfección con el cacao. Diviértete pidiéndoles que averigüen qué lleva. *Buscando a Remo.*

TARTA DE REMOLACHA *con chocolate*

EQUIPO
Cazo
Boles
Varillas manuales o eléctricas
Espátula de goma
Molde redondo de 20 cm
Papel de aluminio

INGREDIENTES
350 g de puré de remolacha
350 g de chocolate negro
200 g de azúcar moscovado
100 g de harina
150 g de mantequilla
6 huevos
1 cucharadita de esencia de vainilla
Una pizca de sal

Para decorar
Glaseado de arándanos (opcional), *Véase receta en página 28,*
1 remolacha deshidratada

10-12 personas

PRECALENTAR el horno a 160 °C.
ENGRASAR el molde con un poco de mantequilla.
FUNDIR el chocolate con la mantequilla en un baño de vapor y reservar.
BATIR con las varillas los huevos, el azúcar, la vainilla, la sal y la harina hasta que se mezcle todo bien.
INCORPORAR poco a poco la mezcla de chocolate y seguir batiendo.
AÑADIR el puré de remolacha y mezclar todo hasta que quede uniforme.
VERTER en el molde cubriéndolo con papel de aluminio.
HORNEAR durante 1 hora y media y dejar enfriar completamente; a continuación, meter en la nevera toda la noche.
DESMOLDAR y decorar con el glaseado de arándanos. Para que quede perfecto, puedes dar una primera capa muy fina con brocha y dejar secar. A continuación, añadir el resto del glaseado.
DECORAR con la remolacha deshidratada.

Para la remolacha deshidratada
CORTAR la remolacha cruda en láminas muy finas.
HORNEAR a 60 °C hasta que esté crujiente, unas 2 horas aproximadamente, aunque el tiempo depende de cada horno.

NOTA: Para un resultado más saludable, puedes sustituir el glaseado de arándanos por cacao o remolacha en polvo.

Impresionante tarta con capas de bizcocho con color y sabor natural a té matcha y crema de frambuesas. Ideal para alegrar tus fiestas. ¡Queremos matcha!

Tarta de TÉ MATCHA *y top cremoso de frambuesa*

EQUIPO

Molde redondo de 18 cm de diámetro y 10 cm de altura
Varillas eléctricas
Bol
Cuchillo de sierra
Manga pastelera
Espátula de goma

INGREDIENTES

225 g de azúcar
190 g de harina
118 ml de aceite vegetal
4 cucharadas de té matcha
3 huevos
1 yogur griego
Una pizca de sal
1 cucharadita de extracto de vainilla
½ cucharadita de levadura en polvo
½ cucharadita de bicarbonato

Para el top y el relleno
Véase receta en página 36

10 personas

PRECALENTAR el horno a 180 °C.
ENGRASAR el molde y reservar.
MEZCLAR en un bol la harina, el té matcha, la levadura, el bicarbonato y la sal.
BATIR con las varillas eléctricas los huevos y el yogur. A continuación, añadir el aceite, el azúcar y la vainilla. Seguir batiendo durante unos minutos.
COMBINAR las dos mezclas hasta que quede todo homogéneo.
VERTER la masa en el molde previamente engrasado y hornear durante unos 40 minutos, o hasta que al pincharla con un palillo, este salga limpio.
DEJAR enfriar el bizcocho y cortar con un cuchillo de sierra en tres partes iguales.
EXTENDER el top cremoso de frambuesa entre cada bizcocho con ayuda de la espátula de goma y con una manga pastelera sobre la superficie del cake.

NOTA: Si no tienes un molde alto, puedes cubrir con papel de horno, previamente engrasado, las paredes del molde de forma que doble la altura del mismo. Forrar con papel también la base.

Te presentamos la clásica tarta de zanahorias en deliciosa versión saludable y ligeramente especiada. Con ingredientes naturales y un cremoso top de chocolate blanco ligero. Olvídate de ponerte a plan y pásate al planazo con esta tarta. Muy *zana*.

TARTA DE ZANAHORIAS
con top cremoso de chocolate blanco

EQUIPO
Molde redondo de unos 20 cm aproximadamente
Boles
Varillas manuales
Tamiz
Robot de cocina
Espátula de goma

INGREDIENTES
Para el cake
Mantequilla, para engrasar
250 g de harina
14 g de levadura en polvo (2 sobres)*
1 cucharadita de bicarbonato
3 cucharaditas de canela
½ cucharadita de nuez moscada
1 cucharadita de sal
125 g de salsa de manzana
250 ml de leche de almendras
175 g azúcar moreno
125 ml de aceite de coco
240 g de zanahorias ralladas

Para el top
Véase receta en página 36

8-10 personas

PRECALENTAR el horno a 180 °C y preparar el molde engrasándolo con un poco de mantequilla.

MEZCLAR juntos en un bol la harina, la levadura, el bicarbonato, la canela, la nuez moscada y la sal. Y en otro bol, la salsa de manzana, la leche de almendras, el azúcar y el aceite de coco.

INCORPORAR la mezcla seca con la líquida.

AÑADIR las zanahorias y continuar mezclando hasta que esté todo bien combinado.

HORNEAR durante 30 o 40 minutos, o hasta que al introducir y extraer un palillo, este salga limpio.

ENFRIAR por completo antes de añadir el top.

NOTA: Comprobar previamente la fecha de caducidad de la levadura para que el cake se eleve (ya que la receta no contiene huevos). Si ha estado en la parte posterior de tu despensa durante demasiado tiempo puede ser menos eficaz.

TARTAS DELICIOSAS

Para celebrar los 50 años del estreno de *La Pantera Rosa*, le hemos dedicado esta suave cheesecake ligera, simpática y sutilmente dulce. Muy al gusto de Blake Edwards. Y muy *amo rosa*.

BERRY BANANA *cheesecake*

EQUIPO
Molde desmontable de cheesecake
Robot de cocina
Cazo mediano
Varillas eléctricas o manuales
Pincel de cocina
Film transparente
Manga pastelera
Papel de horno o encerado

INGREDIENTES
Para la base
350 g de galletas (tipo Digestive)
120 g de mantequilla
2 cucharadas de cacao

Para el cheesecake
1 sobre de gelatina en polvo
240 g de plátano batido
80 g de fresas batidas
300 g de queso cremoso (tipo Philadelphia)
40 g de azúcar glas
3 yemas de huevo
240 ml de nata líquida
80 ml de agua

Para decorar
150 g de fresas
2 plátanos
Un poco de mermelada de albaricoque
40 g de chocolate blanco en gotas

12 personas

Para la base
ENGRASAR el molde con mantequilla y forrar la base con papel de horno.
TRITURAR las galletas hasta reducirlas a polvo, preferiblemente en el robot de cocina.
Agregar el cacao y continuar batiendo.
AÑADIR la mantequilla derretida a las galletas y triturar otra vez.
ESPARCIR la mezcla por el molde, hasta obtener una capa de medio centímetro de grosor y presionar hasta hacerla firme. Refrigerar.

Para el cheesecake
CALENTAR en un cazo el plátano con las fresas durante 5-8 minutos, o hasta que espese un poco. Apartar.
BATIR el queso, las yemas de huevo y el azúcar hasta que la mezcla esté suave y homogénea.
MONTAR la nata líquida en un bol hasta que se formen picos suaves.
DILUIR la gelatina en polvo en el agua durante 5 minutos.
AÑADIR la gelatina diluida a la mezcla del plátano y la fresa una vez ya templada.
INCORPORAR poco a poco la mezcla del queso.
AÑADIR la nata con movimientos suaves y envolventes.
VERTER la mezcla sobre la base de galleta.
ENFRIAR durante 2 horas como mínimo. Puedes dejar la tarta un poco en el congelador para asegurarte un corte limpio de la misma.
DESMOLDAR y decorar la tarta con las fresas y los plátanos cortados en láminas finas. Barnizar con la mermelada diluida en muy poca agua caliente.

Para las gotas de chocolate
FUNDIR el chocolate blanco en un baño de vapor. Disponerlo una vez atemperado (*véanse instrucciones en página 13*) en gotas sobre film transparente, con ayuda de una manga pastelera.

En el reino de las cheesecakes
están las fáciles, las deliciosas
y las que se hacen sin horno.
La nuestra, lo tiene todo.
God save the Queen!

CHOCOLATE *cheesecake*

EQUIPO
Robot de cocina
Varillas eléctricas
Bol
Cazo
Espátula
Molde redondo
de 15 cm x 10 cm
Papel de horno o encerado
Manga pastelera

INGREDIENTES
Para la base
225 g de galletas (tipo
Digestive)
50 g de mantequilla
25 g de cacao

Para el relleno
600 g de queso de untar, a
temperatura ambiente
270 g de chocolate
180 g de azúcar glas
60 ml de nata para montar
1 cucharadita de extracto de
vainilla

8-10 personas

TRITURAR en un robot de cocina las galletas, la mantequilla y el cacao.
COLOCAR la mezcla anterior sobre un molde con papel de horno distribuyéndola bien por toda la superficie. Meter en la nevera y reservar.
FUNDIR el chocolate en un baño de vapor y reservar.
BATIR con las varillas eléctricas el queso de untar y el azúcar hasta que esté cremoso, añadir la nata y la vainilla y seguir batiendo.
AÑADIR 250 g del chocolate fundido, poco a poco y sin dejar de batir hasta que quede una mezcla homogénea.
VERTER la mezcla en el molde que teníamos reservado y alisar la superficie.
REFRIGERAR entre 3 y 4 horas, o hasta que quede firme.
DECORAR con el resto del chocolate fundido y con ayuda de una manga pastelera.
SERVIR fría.

Red Velvet ('terciopelo rojo') es una tarta tan sorprendente como deliciosa. Bajo una cremosa capa blanca se esconde un apasionado bizcocho de chocolate. La mejor red (velvet) social.

RED VELVET CAKE

EQUIPO
2 moldes de 20 cm de diámetro
1 bol grande
1 bol mediano
Espátula de goma
Varillas eléctricas
Tamiz
Papel de horno o encerado

INGREDIENTES
40 g de cacao puro en polvo
300 g de harina
1 sobre de levadura en polvo
Una pizca de sal
225 g de mantequilla, a temperatura ambiente
380 g de azúcar
4 huevos
2 yogures griegos
125 ml de leche
2 cucharaditas de esencia de vainilla (opcional)
30 ml de colorante rojo en gel*

Para el top cremoso red velvet
Véase receta en página 36

PRECALENTAR el horno a 180 °C.
PREPARAR los moldes engrasándolos y cubriendo las paredes con papel de horno.
MEZCLAR la harina, el cacao y la levadura tamizándolos juntos. Apartar.
BATIR la mantequilla y el azúcar en un bol con las varillas eléctricas a velocidad media durante 5 minutos, o hasta que la mezcla esté pálida y esponjosa (aireada).
AÑADIR los huevos de uno en uno sin dejar de batir.
AÑADIR el yogur, la leche, el colorante y la vainilla (si se usa) hasta que quede una mezcla homogénea. Continuar batiendo a baja velocidad sin sobretrabajar la masa e incorporar poco a poco los ingredientes secos (harina, cacao, levadura).
DIVIDIR la mezcla y verter en los moldes.
HORNEAR cada molde de 30 a 40 minutos, sin hornear en exceso.
RELLENAR y cubrir los bizcochos con la crema (*véase receta en página 36*) y dejar enfriar en la nevera unas horas.
DECORAR con frutas del bosque (frambuesas, moras, arándanos) y servir.

NOTA: El colorante rojo en gel lo puedes encontrar en grandes supermercados o tiendas de repostería profesional.

Si tuvieras un palacio, seguro
que en él no faltaría esta
impresionante tarta:
un interior jugoso y suave
con un toque picante, un
sensual baño de chocolate...
Tan fácil como espectacular.
Reina de la morería.

Tarta CHOCOCHILE

EQUIPO
Molde redondo de 24 cm de
diámetro, de los que se abren
Papel de horno o encerado
Un bol grande y otro pequeño
Varillas eléctricas o túrmix
Espátula de goma o cuchillo
Cazo

INGREDIENTES
400 g de azúcar
2 huevos
250 ml de leche, a temperatura
ambiente
200 g de cacao
200 g de mantequilla, a
temperatura ambiente
1 cucharadita de levadura en
polvo
½ cucharadita de bicarbonato
300 g de harina
1 cucharadita de chile en polvo
(pimienta cayena o guindilla)
310 ml de agua hirviendo
Chiles, para decorar

Para el baño
250 g de chocolate (70 %)
130 ml de nata
50 g de mantequilla

PRECALENTAR el horno a 180 °C.
ENGRASAR con un poco de mantequilla el molde y forrar con papel
de horno la base y las paredes con una banda que doble su altura.
MEZCLAR todos los ingredientes, excepto el chile y el agua hirviendo,
en un bol. BATIR todo con una túrmix a baja velocidad hasta que quede
bien unido, rebañando con la espátula de goma las paredes del molde.
MEZCLAR el chile con el agua hirviendo e incorporar lentamente
a la mezcla anterior sin dejar de batir.
VERTER en el molde preparado la mezcla, que estará muy fluida.
HORNEAR durante 50 minutos. Para saber si está hecho, insertar
en el centro un palillo y comprobar que sale limpio.
ENFRIAR en el molde al menos 15 minutos y desmoldar invirtiéndolo
en un plato, quedando la base como parte superior.

Para el baño
FUNDIR el chocolate en un baño de vapor suave, e incorporar la nata
y después la mantequilla.
CUBRIR el molde con el baño de chocolate y extender con una espátula
de cocina o un cuchillo utilizando el lado plano.
DECORAR con unos chiles en el centro.

Con esta receta el placer se multiplica y te deja en estado de *choc*. De una misma mezcla fácil y deliciosa salen las dos capas: una que se hace al horno resulta un ligero y delicioso bizcocho, y la otra una mousse como final feliz: sin dobleces.

Tarta CHOCOLATÍSSIMO

EQUIPO
Cazo pequeño
Bol mediano
1 bol grande
Molde de 18 cm de los que se abren
Montadora de claras

INGREDIENTES
275 g de chocolate negro
275 g de mantequilla o margarina
225 g de azúcar
10 huevos
1 cucharadita de café instantáneo o
½ tacita de café

BATIR la mantequilla y el azúcar hasta lograr un crema suave.
INCORPORAR a la mezcla anterior las yemas una a una y sin dejar de batir.
FUNDIR el chocolate con el café en un baño de vapor (*véanse instrucciones en la página 13*) y enfriar.
MEZCLAR el chocolate con la mezcla de mantequilla y azúcar.
MONTAR las claras a punto de nieve hasta que se formen picos firmes.
INCORPORAR a la mezcla de chocolate las claras montadas de forma suave y envolvente (sin batir).
PASAR dos terceras partes de la mousse anterior al molde previamente engrasado y hornear a 180 °C unos 50 minutos, o hasta que quede hecho tipo brownie.
ENFRIAR y cubrir en el molde con el resto de la mousse y dejar en la nevera 12 horas como mínimo.

Si la pasión no viene a ti, ahora puedes ir hacia ella preparando esta deliciosa e intensa tarta. Pasión venga.

Tarta CHOCOPASSION

EQUIPO
Boles
Varillas manuales
o robot de cocina
Espátula de goma
Rodillo de cocina
Papel de horno o encerado
Film transparente
Garbanzos
Cazo
Molde de unos 24 cm

INGREDIENTES
Para la base
50 g de azúcar glas
100 g de mantequilla a
temperatura ambiente
50 g de almendras molidas
1 huevo
110 g de harina de trigo
20 g de cacao puro
Una pizca de sal

Para el relleno
375 g de crème fraîche
o nata líquida
300 g de chocolate
75 g de mantequilla a
temperatura ambiente

Para la base
MEZCLAR el azúcar, el cacao, la mantequilla, las almendras y la sal en un bol o en un robot de cocina.
AÑADIR el huevo y después la harina; continuar amasando hasta conseguir una mezcla homogénea, sin manipular mucho con el calor de las manos. Envolver en film transparente y dejar reposar en la nevera durante 2 horas como mínimo.
EXTENDER la masa con el rodillo de cocina ligeramente enharinado sobre un papel de horno y de forma que quede de unos 5 cm de grosor. Puedes engrasar previamente la encimera con un poco de mantequilla para fijar más el papel y que no se mueva.
COLOCAR con cuidado en el molde previamente engrasado si es necesario y volver a refrigerar durante media hora.
CUBRIR la base con un círculo de papel de horno o papel de aluminio. Colocar sobre él unos garbanzos o algo de peso para que la masa no suba.
HORNEAR EN CIEGO* a 150 °C durante 20 minutos. Retirar del horno, quitar los garbanzos y el papel y dejar enfriar.

Para el relleno
FUNDIR el chocolate en un baño de vapor, y cuando esté templado, añadir la leche y la mantequilla.
REMOVER hasta obtener una crema suave y homogénea.
VERTER sobre la base de tarta y refrigerar durante 2 horas como mínimo y servir.

NOTA: Hornear en ciego es una técnica que consiste en hornear la masa de un pastel, antes de ponerle el relleno, con algo de peso (garbanzos, lentejas, un molde adecuado) para que no suba y quede ligeramente crujiente.

Esta deliciosa tarta de calabaza con un toque de chocolate es imprescindible en la cena de Acción de Gracias en Estados Unidos. Hazla para mostrar gratitud, para celebrar un fantástico Halloween o para lo que quieras. Será tu baza.

Tarta de CALABAZA *con chocolate*

EQUIPO
2 boles
Cazo
Molde desmontable
Batidora
Espátula
Varillas manuales
Papel de horno o encerado
Un puñado de garbanzos o judías

INGREDIENTES
750 g de calabaza, pelada sin pepitas y cortada en trozos medianos
230 g de masa quebrada
140 g de azúcar glas
½ cucharadita de nuez moscada
1 cucharadita de canela en polvo
2 huevos
25 g de mantequilla
175 ml de leche
50 g de chocolate negro, para decorar

CALENTAR el horno a 180 °C.

ENGRASAR el molde con mantequilla.

COLOCAR la masa quebrada en el molde extendiéndola bien por todos lados. Disponer sobre la misma una lámina de papel de horno sobre la que colocaremos un puñado de garbanzos, judías o similar, que sirvan de peso para que la masa no suba.

HORNEAR durante 15 minutos. Quitar los garbanzos y volver a meter en el horno durante 10 minutos más, hasta que la masa quede dorada y crujiente.

SACAR del horno y dejar enfriar.

HERVIR agua en una olla y echar la calabaza. Dejar a fuego medio durante 15-20 minutos, o hasta que la calabaza esté blanda. Colar la calabaza y dejar enfriar.

PONER la calabaza fría en un bol y batir hasta que quede un puré homogéneo. En otro bol aparte, mezclar el azúcar, la canela y la nuez moscada.

ECHAR sobre los huevos batidos la mantequilla derretida y la leche y añadir la mezcla con el azúcar. Habrá que remover bien hasta que la masa quede homogénea.

AÑADIR a la mezcla el puré de calabaza y remover bien.

ECHAR sobre la base de la tarta que previamente habíamos horneado.

INCREMENTAR la temperatura del horno a 200 °C y meter la tarta durante 10 minutos.

BAJAR la temperatura de nuevo a 180 °C y cocinar durante 40 minutos más, hasta que la mezcla haya cuajado perfectamente.

SACAR y dejar enfriar.

FUNDIR en un baño de vapor el chocolate, y disponer en una manga pastelera elaborada manualmente con un cartucho de plástico y dibujar la cara de la calabaza.

Procedente de PANCRACIO llega el buque insignia de las tartas de verano. Un fondo de intenso chocolate y galleta, una cúpula de suave mousse y nata en la cubierta. Tan fácil que se hace a velocidad de crucero. Al atraque.

EQUIPO
Molde de unos 23 cm en forma de plato hondo
2 cazos medianos
2 boles
Film transparente
Espátula de goma
Robot de cocina
Colador grande
Varillas eléctricas
Pelador de verduras

INGREDIENTES
Para la base
250 g de galletas (tipo Digestive)
60 g de mantequilla
1 cucharada de cacao puro en polvo

Para el relleno
125 g de mantequilla, refrigerada y cortada en cubos
875 ml de nata para montar
150 g de azúcar glas
30 g de maicena
9 yemas de huevo
310 g de chocolate negro (70 %)

Para decorar
500 ml de nata
Chocolate negro, para decorar
2 cucharadas de azúcar glas

LOVE BOAT

Para la base
PRECALENTAR el horno a 180 °C.
TRITURAR las galletas hasta reducirlas a polvo, preferiblemente en el robot de cocina.
AÑADIR el cacao y la mantequilla derretida a las galletas y triturar otra vez.
ESPARCIR la mezcla por el molde, previamente engrasado con mantequilla, hasta obtener una capa fina y presionar hasta hacerla firme.
HORNEAR 10 minutos y dejar enfriar.

Para el relleno
CALENTAR la nata en un cazo mediano a fuego medio, hasta que empiece a hervir. Apartar del fuego. En un bol grande, mezclar el azúcar y la maicena.
AÑADIR las yemas de los huevos y batir hasta que aumenten un poco en volumen y queden de un color más pálido.
INCORPORAR la nata poco a poco, batiendo constantemente.
CALENTAR la mezcla en un cazo a fuego medio, removiendo de vez en cuando durante 3 o 4 minutos o hasta empiece a hervir y esté muy espesa. Retirar el cazo del calor.
FUNDIR el chocolate en un baño de vapor junto con la mantequilla, y añadir a la mezcla anterior hasta que quede lisa y homogénea.
COLAR todo y traspasar a un bol grande.
CUBRIR con film transparente la superficie de la mezcla.
REFRIGERAR durante 4 horas.
RETIRAR el film transparente y montar ligeramente la mezcla con las varillas eléctricas.
DISPONER sobre la base de galleta formando una cúpula y alisar la superficie con la espátula.
CONGELAR la tarta durante unas 4 horas como mínimo (permite toda la noche).
SACAR del congelador y dejar a temperatura ambiente unos 20 minutos y desmoldar.

Para la decoración
MONTAR la nata y el azúcar hasta que se formen picos firmes.
EXTENDER por la mezcla de chocolate continuando la forma de cúpula.
CORTAR el chocolate en láminas con la ayuda de un pelador de verduras.
REFRIGERAR hasta el momento de servir.

Porque a veces todos, incluido tu horno, necesitan un descanso. Te presentamos esta deliciosa y espectacular tarta con capas alternativas de crepes y chocolate. Dejará a todos boquiabiertos. Listos para a-capa-rarla.

Tarta MILLE CRÊPE *a los dos chocolates*

EQUIPO
Bol grande
Varillas manuales o batidora eléctrica
Sartén antiadherente
Pincel de silicona
Film transparente
Espátula de silicona

INGREDIENTES
180 g de harina
3 huevos
350 ml de leche
90 g de mantequilla, derretida
30 g de azúcar
200 + 200 ml de nata
100 g de chocolate negro
100 g de chocolate con leche
Mantequilla, para engrasar
10 g de gelatina en láminas
100 g de agua
170 g de azúcar
75 g de cacao amargo
Frambuesas, para decorar

8-10 porciones

MEZCLAR en un bol la harina, los huevos, la leche, el azúcar y la mantequilla.
DEJAR reposar la masa un par de horas en la nevera tapada con film transparente.
CALENTAR la sartén antiadherente y con el pincel extender una fina capa de mantequilla.
CUBRIR el fondo de la sartén con una fina capa de la masa resultante de la mezcla anterior.
COCINAR por cada lado hasta que esté dorada dándole la vuelta con la espátula. REPETIR hasta que terminemos con toda la masa.

Para el relleno
CALENTAR 200 ml de nata y, antes de que hierva, retirar.
AÑADIR el chocolate negro en trocitos y mover hasta que se disuelva.
DEJAR enfriar la ganache y utilizar a conveniencia.
REPETIR el mismo proceso para el chocolate con leche.
MONTAR una torre de crepes alternando una capa de ganache de chocolate con leche y otra capa de chocolate negro hasta que se acabe.
CUBRIR con un baño de chocolate espejo (*véase receta en página 22*) y decorar con frambuesas.

Si a un bizcocho le añades un toque de Chocolate Vodka, genial. Pero si lo cubres con una ganache que también lo lleva, todos te querrán más. Te cubrirá de gloria.

Tarta PIRIPI

EQUIPO
Molde de 20 cm
2 boles medianos
1 bol grande
Espátula de goma
Varillas manuales

INGREDIENTES
125 ml café exprés, caliente
85 g de mantequilla
2 huevos
40 ml de leche
125 g de yogur
60 ml de PANCRACIO Original Chocolate Vodka
200 g de azúcar
95 g de harina
60 g de cacao en polvo
1 ½ cucharaditas de levadura en polvo (tipo Royal)
½ cucharadita de bicarbonato
Una pizca de sal
120 g de chocolate negro (70 %), troceado

Para la ganache
300 g de chocolate negro (70 %)
250 g de nata
60 ml de Chocolate Vodka

PRECALENTAR el horno a 180 °C.
ENGRASAR el molde con mantequilla y reservar.
BATIR el café caliente con la mantequilla en un bol hasta que se funda. A continuación, dejar a un lado hasta que esté listo para su uso.
MEZCLAR los huevos, la leche, el yogur y el Chocolate Vodka en un bol grande.
AÑADIR el azúcar, la harina, el cacao, la levadura, el bicarbonato y la sal. Una vez que esté medio mezclado, verter la mezcla de café y mantequilla y remover hasta obtener una masa suave.
AGREGAR el chocolate troceado.
Verter la mezcla en el molde engrasado y hornear durante 25 a 30 minutos, o hasta que suba un poco.
ENFRIAR por completo.

Para la ganache
Colocar el chocolate en un bol.
CALENTAR la nata y el Chocolate Vodka en un cazo pequeño a fuego lento hasta que el líquido haga burbujas por los bordes.
VERTER la mezcla sobre el chocolate y dejar que repose durante un minuto; luego remover continuamente hasta que el chocolate se derrita en la nata y se una.
DEJAR reposar durante 1 hora a temperatura ambiente.
EXTENDER una capa espesa de ganache por encima del bizcocho y servir.

En Norteamérica, amigos y familia gozan dorando brochetas de marshmallows, nubes de azúcar, con las que, usando dos galletas y chocolate, preparan un sándwich al que llaman *s'more*. Aquí ofrecemos nuestra versión en forma de fácil y deliciosa tarta que hará que amigos y familia digan: «Más, más, más. *Give me more s'more*».

Tarta S'MORE

EQUIPO
Robot de cocina
Varillas
Bol
Cazo
Bandeja de horno

INGREDIENTES
Para la base
300 g de galletas (tipo Digestive)
140 g de mantequilla

Para el relleno
240 ml de nata
120 ml de leche entera
180 g de chocolate negro (52 %)
2 cucharadas de azúcar
Una pizca de sal
2 huevos

Para cubrir
1 paquete de marshmallows

Para la base
TRITURAR en el robot de cocina las galletas.
FUNDIR la mantequilla.
MEZCLAR las galletas en polvo y la mantequilla hasta obtener una pasta.
DISTRIBUIR la pasta homogéneamente en un molde y refrigerar.

Para el relleno
PRECALENTAR el horno a 180 °C.
VERTER la nata y la leche en un cazo y calentar a fuego lento. Cuando empiece a hervir, retirar del fuego.
INCORPORAR el chocolate y remover hasta que se funda, y a continuación el azúcar y la sal.
BATIR en un bol aparte dos huevos.
VOLCAR los huevos en la mezcla anterior lentamente y remover con las varillas.
AÑADIR la mezcla resultante en la base de galletas.
HORNEAR durante unos 25 minutos, o hasta que se cuaje el chocolate.

Para cubrir
DISPONER los marshmallows en la superficie de la tarta.
HORNEAR con la bandeja en el centro del horno en modo grill hasta que esté dorado, unos 4 minutos, dependiendo de cada horno.*
REFRIGERAR durante un par de horas antes de servir. Para cortar la tarta es recomendable engrasar antes un poco el cuchillo.

NOTA: Tener precaución con el tiempo de horneado y que la bandeja no esté demasiado cerca de la parte del grill, puesto que pueden arder.

Esta exquisita tarta de chocolate intenso y profundo vive cuatro pueblos más allá de fácil. Se hace el día antes, sin horno y con solo dos ingredientes. Así de *simply*.

TARTA SIMPLYCHOC

EQUIPO
Boles
Cazo
Espátula de goma
Varillas eléctricas
Molde de los que se abren
de 18 cm

INGREDIENTES
500 g de chocolate
negro (70 %)
550 ml de nata
Esencia de vainilla o tu licor
favorito (opcional)
Cacao para espolvorear
y nata para servir

FUNDIR el chocolate en un baño de vapor. Templar.
MONTAR la nata, mientras tanto, hasta que se formen picos suaves.
Una vez montada, meter un rato en la nevera.
INCORPORAR al chocolate la nata. Es importante hacerlo con movimientos suaves y envolventes para no bajar la mezcla, hasta que quede tipo mousse, suave y homogénea.
REFRIGERAR toda la noche.
SERVIR al día siguiente con un poco de nata ligeramente montada y cacao espolvoreado.

Esta tarta tiene tres niveles y tres texturas de chocolate: la base de galletas, el relleno fundente y el glaseado brillante que harán que te sientas de maravilla. *Très bien.*

TARTA TRIPLECHOC

EQUIPO
1 cazo
2 boles metálicos
1 espátula de goma
1 molde para tartas de los que se abren
Picadora o robot de cocina

INGREDIENTES
Para la base cruda
Véase receta en página 24

Para el relleno
50 g de nata para montar
200 g de chocolate negro (70 %)
2 huevos
Una pizca de sal

Para el glaseado
50 g de nata para montar
50 g de chocolate negro (70 %)
1 cucharada de agua tibia
1 cucharada de aceite de girasol

PRECALENTAR el horno a 180 °C.
PREPARAR la base (*véase receta en página 24*).
EXTENDER la mezcla en la base del molde uniformemente hasta obtener aproximadamente 1 cm de altura, ayudándote de la base de una cuchara o algo plano.
Hornear durante 10 minutos para que quede firme. Dejar enfriar durante 15-20 minutos.

Para el relleno
HERVIR la nata. Poner el chocolate troceado en un bol y echar la nata. Dejar reposar durante 5 minutos y remover hasta formar una masa homogénea.
BATIR en otro bol los huevos y la pizca de sal y mezclar con el chocolate y la nata. Seguir batiendo hasta que la masa adquiera cuerpo.
PONER la mezcla sobre la base y hornear durante 20-25 minutos, o hasta que la masa coja forma pero el centro quede blando y poco firme.
ENFRIAR durante al menos 1 hora.

Para el glaseado
HERVIR la nata. Poner el chocolate troceado en un bol y echar la nata. Dejar reposar durante 5 minutos y remover hasta formar una masa homogénea.
BATIR en otro bol los huevos y la pizca de sal y mezclar con el chocolate y la nata. Seguir batiendo hasta que la masa adquiera cuerpo.
PONER la mezcla sobre la base y hornear durante 20-25 minutos, o hasta que la masa coja forma pero el centro quede blando y poco firme.
ENFRIAR durante al menos 1 hora.
FUNDIR el chocolate para el glaseado y la nata en un baño de vapor. Añadir el agua tibia y el aceite de girasol y remover hasta que quede una mezcla homogénea.
VERTER el glaseado sobre la tarta inclinándola hacia los lados para que llegue bien a todos lados.
DEJAR reposar durante al menos 1 hora antes de servir.
SERVIR con nata líquida o ligeramente montada bien fría.

Haz un homenaje a la persona más especial de tu vida con esta receta fácil y sexy con la que terminar una cena muy romántica. Y (ejem) comenzar la sobremesa.

Tarta YOU SEXY THING

EQUIPO
Varillas manuales y eléctricas
4 boles
2 cazos
Espátula de goma
Espátula
Cuchara de madera
2 moldes de tarta de unos 20 cm
Pincel

INGREDIENTES
120 g de chocolate negro (70 %)
225 ml de leche
225 g de harina
120 g de azúcar glas
120 g de mantequilla
3 yemas
3 claras
2 cucharaditas de levadura en polvo

Para el relleno y la cobertura de chocolate
450 g de chocolate negro
300 ml de nata
30 g de mantequilla

Para la salsa de caramelo con chocolate
Véase receta en página 34

8-10 personas

PRECALENTAR el horno a 180 °C.
BOL 1: PONER en un baño de vapor el chocolate, el azúcar y la mitad de la leche, remover hasta que se funda el chocolate y la mezcla esté bien caliente.
BOL 2: BATIR la mantequilla con ayuda de las varillas. Una vez que esté suave, añadir sin dejar de batir las yemas, de una en una.
BOL 3: TAMIZAR la harina y la levadura juntas sobre el resto de la leche y mezclar.
INCORPORAR removiendo y en varias veces la mezcla de harina (bol 3) a la de mantequilla (bol 2) batiendo, cada vez, para obtener una crema suave.
AÑADIR a la mezcla anterior (bol 2), removiendo, la mezcla de chocolate (bol 1).
MONTAR las claras hasta obtener picos firmes.
INCORPORAR de forma suave y envolvente la mezcla a las claras con la ayuda de una espátula de goma. Dividir la mezcla en dos y verter cada mitad en cada uno de los moldes previamente engrasados.
HORNEAR unos 35 minutos cada molde, o hasta que, al pinchar con un palillo, este salga limpio. Dejar enfriar.

Para el relleno
FUNDIR el chocolate en un baño de vapor hasta que se funda.
INCORPORAR la mantequilla. Retirar del calor y templar.
AÑADIR la nata removiendo hasta que quede una mezcla homogénea.

Para el baño de caramelo con chocolate
Véase receta en página 34

EXTENDER el relleno de chocolate por la parte superior de uno de los bizcochos, de forma que quede aproximadamente de 1 cm de altura.
COLOCAR sobre él el otro bizcocho y seguir extendiendo la ganache de chocolate por la parte superior y los laterales con ayuda de la espátula.
BAÑAR la tarta con la salsa de caramelo con chocolate.

TARTAMOUSSE ESPEJO: Espejo, espejito... ¿quién es la más rica de las tartas? ¿La Pavlova? ¿La Sacher? ¿O quizá yo?
ESPEJO: Querida tocaya, no seas tan egocéntrica que es en ti donde todas se miran. Tú, deliciosa Tartamousse Espejo, eres la más brillante del reino. Además, eres tan fácil...

Tartamousse ESPEJO

EQUIPO
Molde desmontable de unos 18 cm de diámetro
Cazo mediano
Boles
Varillas eléctricas
Espátula de goma

INGREDIENTES
400 g de chocolate negro, en trocitos
600 ml de nata espesa
60 ml de licor de café, o de PANCRACIO Original Chocolate Vodka

Para la base
Véase receta de base cruda para Cheesecake en página 24

Para el baño espejo
Véase receta en página 22

PREPARAR la base cruda para cheesecake (*véase receta en página 24*).
FUNDIR el chocolate en un baño de vapor. Retirar del fuego y enfriar unos 30 minutos.
MONTAR la nata usando las varillas eléctricas, hasta que se formen picos suaves.
INCORPORAR de forma suave y envolvente, usando la espátula de goma, el chocolate a la nata montada. No mezclar en exceso, solo lo justo.
Añadir el Chocolate Vodka o licor y mezclar bien.
VERTER la mezcla sobre el molde preparado igualando la parte superior con una espátula. Cubrir y refrigerar 3 horas.

Para el baño espejo
Véase receta en página 22

CALENTAR el baño espejo a 37 °C y verter sobre el postre frío o incluso un poco congelado.
SERVIR la tarta muy fría.

FEC
HAS
ESPEC
IALES

Porque sabemos que te gusta tanto el árbol de Navidad que te lo comerías, dicho y hecho, aquí tienes el nuestro, de chocolate, crema de queso y decorado con grageas. Con muy buena planta.

CHOCOÁRBOL

Para el bizcocho
PRECALENTAR el horno a 170 °C.
ENGRASAR y enharinar el molde.
TAMIZAR juntos la harina, la sal y el cacao.
MEZCLAR aparte la mantequilla y la vainilla.
BATIR con las varillas eléctricas los huevos y el azúcar en un bol.
COLOCAR el bol, sin dejar de batir, sobre un cazo con un dedo de agua en ebullición suave. Cuando la mezcla de huevo esté ligeramente templada al tacto, retirar del calor y seguir batiendo hasta que triplique su volumen y tenga un color pálido.
INCORPORAR la mezcla de harina a la de huevos con movimientos suaves y envolventes y, a continuación, la de mantequilla y vainilla.
VERTER la mezcla en el molde.
HORNEAR durante 20 o 25 minutos, o hasta que se vea que el bizcocho esté firme al tacto.

Para el baño de chocolate
CALENTAR la nata en un cazo hasta que empiece a hervir. Retirar del fuego.
AÑADIR el chocolate troceado y la mantequilla.
REMOVER con una espátula de goma o una cuchara de madera hasta que esté todo bien mezclado.

Para la crema
BATIR con las varillas eléctricas el queso Philadelphia, la mantequilla y el yogur griego hasta que quede una mezcla aireada y pálida.
INCORPORAR gradualmente el azúcar glas.

Para decorar
CORTAR el bizcocho por la mitad y después en triángulos.
CORTAR también pequeños cuadrados para dar forma al tronco del árbol. Si lo haces de tamaño mini, simplemente le puedes poner un palo de polo.
RELLENAR los bizcochos con la crema, disponerlos en una rejilla y verter sobre ellos el baño de chocolate.
DECORAR con la crema con ayuda de la manga pastelera, haciendo la forma de guirnalda.
AÑADIR finalmente las grageas de chocolate de colores.

Cuando llega octubre, es temporada de calabazas e historias de miedo. Aprovéchalas para hacer estas deliciosas cookies con trocitos de chocolate. Y dales calabazas a tus miedos.

COOKIES DE CALABAZA *y chocolate*

EQUIPO
Papel de horno o encerado
Bandeja de horno
Cazo
Colador
2 boles
Varillas eléctricas
Sacabolas de helado o cuchara

INGREDIENTES
115 g de mantequilla
110 g de azúcar blanco
85 g de azúcar moreno
1 huevo
250 g de puré de calabaza
(500 g de calabaza
aproximadamente)
225 g de harina
1 cucharadita de bicarbonato
Una pizca de canela, jengibre
y nuez moscada, molidos
6 o 7 clavos molidos
100 g de chocolate (70 %),
en trocitos

36 cookies (de unos 5-6 cm)

PRECALENTAR el horno a 180 °C.

PREPARAR la bandeja del horno con papel de horno previamente engrasado con mantequilla.

QUITAR la piel de la calabaza y cocer durante unos 15 minutos aproximadamente, o hasta que quede bien hecha.

ESCURRIR muy bien la calabaza con ayuda de un colador para quitar todo exceso de agua. Batir hasta que quede un puré.

BATIR la mantequilla con las varillas eléctricas hasta que quede suave.

AÑADIR poco a poco el azúcar blanco y el moreno, hasta que quede una mezcla suave y homogénea. Añadir el huevo a la mezcla anterior, continuar batiendo y añadir el puré.

MEZCLAR la harina, el bicarbonato y las especias (canela, jengibre, nuez moscada y clavo).

INCORPORAR los ingredientes secos poco a poco a la mezcla anterior.

AÑADIR los trocitos de chocolate.

DISPONER sobre la bandeja del horno la masa en forma de bolitas, con ayuda de un sacabolas de helado o una cucharilla dándole forma redonda (de unos 3 cm de diámetro cada bola, unas 9 bolitas en cada hornada).

HORNEAR durante 15 minutos.

SACAR del horno y dejar reposar unos minutos. Servir.

Te presentamos esta divertida receta para celebrar Halloween. Sobre tu cookie preferida, deliciosa y fundente, unos simpáticos fantasmitas de merengue. Que tengas un día muy *cookie.*

EQUIPO
Varillas eléctricas o manuales
Exprimidor
Boles
Espátula de goma
Cazo
Termómetro de cocina
Manga pastelera
Boquilla redonda para manga pastelera
Film transparente
Pinzas finas
Papel de horno o encerado
Sacabolas de helado
2 bandejas de horno

INGREDIENTES
Para las cookies
75 g de harina
1 cucharadita de levadura en polvo
Una pizca de sal
500 g de chocolate negro
115 g de mantequilla
4 huevos a temperatura ambiente
330 g de azúcar
1 cucharada de café instantáneo
1 cucharadita de extracto puro de vainilla (opcional)

Para los fantasmas
3 claras de huevo, a temperatura ambiente
150 g de azúcar
50 ml de agua
Una pizca de sal
Un chorrito de limón
Chocolate (70 %), para fundir

24 unidades aproximadamente

FANTASMACOOKIES

Para las cookies
MEZCLAR la harina, la levadura y la sal en un bol mediano y dejar aparte.
FUNDIR en un baño de vapor la mantequilla con 300 g de chocolate removiendo ocasionalmente hasta que quede una mezcla homogénea. Quitar del calor.
BATIR con las varillas eléctricas a alta velocidad los huevos, el azúcar, el café y la vainilla durante unos 10 minutos, o hasta que quede una mezcla muy espesa.
INCORPORAR sin dejar de batir, pero a una velocidad más baja, la mezcla templada del chocolate con la mantequilla, parando momentáneamente para rebañar bien el bol con la espátula de goma. Continuar hasta que el chocolate quede perfectamente incorporado.
AÑADIR, sin dejar de batir, los ingredientes secos (harina, levadura y sal).
INCORPORAR, removiendo suavemente con la espátula de goma, el resto del chocolate cortado en trozos. Cubrir la masa con film transparente y refrigerarla durante varias horas o toda la noche.
PRECALENTAR el horno a 170 °C, forrar dos bandejas con papel de horno y posicionarlas de forma que dividan el horno en tres.
FORMAR bolas con la masa usando una cuchara, un sacabolas de helado o una manga pastelera con boca lisa ancha. Depositarlas en las bandejas con una separación entre ellas de 3 o 4 cm
HORNEAR* unos 10 o 12 minutos rotando las bandejas de delante atrás y de arriba abajo a mitad de cocción. Repetir con el resto de la masa.

Para los fantasmas
MONTAR las claras a velocidad media-alta, añadiéndoles al principio el chorrito de limón y la sal.
MEZCLAR el azúcar y el agua y poner en un cazo para hacer almíbar.
MEDIR con el termómetro la temperatura de la mezcla anterior, retirar cuando llegue a 115-117 °C.
INCORPORAR el almíbar en forma de hilo fino al bol en el que se están montando las claras sin parar de batir.
BATIR hasta que el merengue se haya enfriado o notemos que el bol está a temperatura ambiente.
FUNDIR en el microondas 5 o 6 onzas de chocolate, formar gotitas con el chocolate para los ojos y la boca del fantasma, dejar enfriar hasta que endurezca sobre film transparente.
INTRODUCIR el merengue en una manga pastelera con una boquilla redonda y formar una montañita encima de cada galleta.
DECORAR con las gotitas de chocolate los ojos y la boca del fantasma con la ayuda de unas pinzas.

NOTA: Estas cookies están mejor un poco crudas que cocidas en exceso, así que ante la duda, sácalas antes.

Como las cosas del amor
a veces se vuelven tan
complicadas, aquí tienes esta
facilísima receta a base de
chocolate, nata y fresas.
Love is in the cake.

LOVE *Cake*

EQUIPO
Molde de cake de 20 x 10 cm
Cazo
Bol
Espátula de goma
Cuchillo pequeño
Film transparente

INGREDIENTES
8 fresas
500 ml de nata líquida
500 g de chocolate
negro (70 %)
2 cucharadas de mermelada
de frambuesa
Mantequilla, para engrasar

PREPARAR el molde ligeramente engrasado con mantequilla y forrar
con film transparente dejando que sobre por los lados.
FUNDIR en un baño de vapor el chocolate. Templar y añadir la nata
removiendo hasta que quede una mezcla homogénea e incorporar la
mermelada sin dejar de remover.
VERTER una capa fina de menos de 1 cm en el molde y dejar enfriar
en la nevera unos 5 minutos, o hasta que tome un poco de consistencia.
Quitar, mientras, las hojitas a las fresas, previamente lavadas, y darles
forma de corazón con la ayuda de un cuchillo.
COLOCAR con cuidado las fresas sobre esa primera capa con la punta
mirando hacia arriba.
VERTER el resto del chocolate en el molde y cubrir con film transparente
y dejar enfriar toda la noche.
DESMOLDAR sumergiéndolo unos instantes en agua tibia y tirando
suavemente del film transparente.

Para demostrar tu (mucho) amor a quien más quieres, nada mejor que invertir tu (poco) tiempo en preparar estos deliciosos cupcakes. Puede producir un efecto muy romántico y frases llenas de pasión. Lo mejor de mi vida *eres cup.*

LOVE *Cupcakes*

EQUIPO
Cazo
2 boles
Espátula de goma
Varillas eléctricas
12 moldes de papel para cupcakes o magdalenas de aproximadamente 5 cm de base
Espátula de madera

INGREDIENTES
220 g de mantequilla sin sal, a temperatura ambiente
220 g de azúcar glas
220 g de harina tamizada
1 cucharadita de levadura en polvo
2 cucharadas de cacao puro en polvo
80 g de chocolate (70 %)
4 huevos

Para la crema
200 g de queso cremoso (tipo Philadelphia), a temperatura ambiente
175 g de mantequilla, a temperatura ambiente
1 cucharada de yogur griego
250 g de azúcar glas
100 g de chocolate negro
100 g de chocolate blanco
Fresas, para decorar

PRECALENTAR el horno a 180 °C.
DERRETIR la mantequilla, el chocolate y el cacao en polvo en un baño de vapor, removiendo constantemente hasta que quede una mezcla homogénea.
BATIR el resto de los ingredientes (azúcar, harina, levadura y huevos) e incorporar la mezcla del chocolate.
DISTRIBUIR la mezcla en 12 moldes de cupcakes.
HORNEAR durante 20 minutos. Sacar y dejar enfriar.

Para la crema
BATIR con las varillas eléctricas el queso Philadelphia, la mantequilla y el yogur griego hasta que quede una mezcla aireada y pálida.
INCORPORAR gradualmente el azúcar glas y seguir batiendo.
SEPARAR la crema en dos mitades.
FUNDIR en un baño de vapor el chocolate blanco y el negro por separado.
AÑADIR el chocolate blanco y el negro a cada mitad de la crema.
EXTENDER la crema sobre el cake con ayuda de una espátula de madera.
DECORAR con láminas de fresas cortadas formando corazones.

Porque te gusta poner el corazón en todo lo que haces y más si es para esa persona única, prepárale esta espectacular y cremosa minitarta de chocolate blanco que se hace fácilmente y en frío. Llenarás de amor y pasión su corazón. Con razón.

MINITARTA DE CHOCOLATE BLANCO
con coulis de frambuesa

EQUIPO
Molde de 8 cm aproximadamente, de los que se abren
Picadora o robot
Cazo
Boles metálicos
Espátula de goma
Varillas eléctricas
Tenedor
Jeringuilla
Film transparente

INGREDIENTES
Para la tarta
250 g de chocolate blanco
100 g de mantequilla, derretida
½ paquete de galletas María
250 ml de nata
2 cucharadas de leche

Para la ganache
100 g de chocolate blanco
100 ml de nata

Para el coulis
Véase receta en página 32

ENGRASAR con mantequilla la base de un molde de tarta de los que se abren y forrar con film transparente.
TRITURAR las galletas a mano o mejor en una picadora y mezclar con la mantequilla. Poner la mezcla en la base del molde extendiéndola uniformemente. Refrigerar.
FUNDIR al baño María suave, los 250 g de chocolate blanco con la leche. Añadir más leche si el chocolate se seca mucho.
REMOVER de vez en cuando, y apartar del fuego y enfriar cuando esté fundido.
MONTAR los 250 ml de nata e incorporar el chocolate enfriado, con una espátula de goma y de forma suave y envolvente, sin batir ni trabajar demasiado o se bajará la nata.
VERTER la mezcla sobre la base de galletas, sin llegar al borde del molde, dejando libre al menos medio centímetro.
REFRIGERAR toda la noche.

Para la ganache
FUNDIR los 100 g de chocolate blanco en un baño de vapor.
TEMPLAR e incorporar la nata hasta que quede una mezcla homogénea.
VERTER sobre los moldes y dejar enfriar un poco sin que llegue a solidificar.

Para el coulis de frambuesa
Véase receta en página 32

Para el montaje
INTRODUCIR el coulis en una jeringuilla y poner una gota sobre la ganache de chocolate blanco aún líquida, del tamaño de 1,5 cm aproximadamente.
MARCAR una línea sobre la gota dejando un surco vertical de arriba abajo para hacer la forma de corazón.
REFRIGERAR el tiempo necesario hasta que solidifique la cobertura de chocolate.
DESMOLDAR y servir con el coulis restante en salsera.

Celebra una noche de amor intenso con esta deliciosa y fácil tarta de queso, con un toque de chocolate y pasión, al más puro estilo PANCRACIO. Y mañana más.

RED VELVET *Cheesecake*

EQUIPO
Boles
Varillas eléctricas
Robot de cocina

INGREDIENTES

Para la base
Véase receta en página 24

Para la tarta
4 terrinas de 225 g aproximadamente de queso cremoso (tipo Philadelphia), a temperatura ambiente
275 g de azúcar glas
2 cucharadas de harina
4 huevos
1 cucharada de cacao puro
1 cucharadita de colorante rojo en gel

Para el top cremoso red velvet
Véase receta en página 36
(puedes usar la mitad de los ingredientes)

Para la base
Véase receta en página 24

Para la tarta
PRECALENTAR el horno a 170 °C.
BATIR el queso cremoso y el azúcar con las varillas eléctricas durante unos 4 o 5 minutos, o hasta que quede una mezcla suave y homogénea.
INCORPORAR la harina, el cacao y los huevos de uno en uno, sin dejar de batir.
AÑADIR el colorante.
HORNEAR durante 1 hora y 20 minutos aproximadamente. Cuando la saques de horno, todavía estará temblona por el centro.
SACAR del horno y dejar enfriar unos 20 minutos. Pasado ese tiempo, despegar las paredes del molde con un cuchillo, sin desmoldar todavía.
REFRIGERAR durante unas 4 horas como mínimo, antes de cortarla en raciones.

Para decorar
RELLENAR una manga pastelera con la crema (*véase receta en página 36*) y decorar sobre la tarta como desees.

Te presentamos al invitado de honor de esta Navidad: un delicioso turrón de chocolate, pistachos y arándanos rojos con el toque crujiente y navideño de los barquillos. No sabemos qué sorprenderá más, lo fácil que te resultará hacer esta receta o su divino resultado. Pídeselo a Santurrón.

SANTURRÓN

EQUIPO
Cuchara
2 boles
Molde rectangular de
22 x 9 x 3 cm aproximadamente
(o similar)
Varillas eléctricas
Manga pastelera
Film transparente

INGREDIENTES
Para el chocolate
125 g de barquillos
(en trocitos), reservando
un poco para decorar
80 g de mantequilla
400 g de chocolate negro
40 g de pistachos enteros
40 g de arándanos rojos secos
4 cucharadas de miel

Para la crema
85 g de queso cremoso
(tipo Philadelphia), a
temperatura ambiente
50 g de mantequilla, a
temperatura ambiente
1 cucharadita de yogur griego
150 g de azúcar glas

Para decorar
3 fresones

PREPARAR el molde untándolo con un poco de mantequilla, forrando las paredes y la base con film transparente de forma que sobre por los lados lo necesario para que envuelva la parte superior.
FUNDIR el chocolate y la mantequilla en un baño de vapor.
AÑADIR la miel. Mezclar.
AÑADIR los pistachos, los arándanos y los barquillos triturados. Mezclar.
VERTER el chocolate en el molde.
REFRIGERAR en la nevera 4 horas como mínimo.

Para la crema
BATIR con las varillas eléctricas el queso Philadelphia, la mantequilla y el yogur griego hasta que quede una mezcla aireada y pálida.
INCORPORAR gradualmente el azúcar glas hasta que quede una mezcla homogénea.
DESMOLDAR el turrón tirando suavemente del film transparente.
PRESENTAR con trocitos de barquillo por encima.
DISPONER la crema haciendo 3 círculos sobre el turrón con ayuda de la manga pastelera para hacer la base de los gorros de Papá Noel.
COLOCAR sobre ellos los fresones bocabajo y rematar las puntas con una bolita de crema, a modo de borlón.
SERVIR inmediatamente una vez decorado.

Sorprendente tarta con un toque de cerveza negra que la hace de por sí extraordinaria. Lo que hay que *beer*.

Tarta de CERVEZA NEGRA

EQUIPO
Cazo
Varillas eléctricas
Espátula de goma
Molde redondo de
20 cm de diámetro y
de unos 10 cm de alto*

INGREDIENTES
Para el cake
400 g de azúcar
250 g de harina
250 ml de cerveza negra
250 g de mantequilla, a
temperatura ambiente
140 ml de nata líquida
75 g de cacao en polvo
25 g de bicarbonato
2 huevos
1 cucharadita de esencia
de vainilla

Para la crema de queso
Véase receta en página 36

10-12 personas

PRECALENTAR el horno a 180 °C.
BATIR con las varillas eléctricas la harina, el cacao, el azúcar y el bicarbonato hasta que quede todo bien mezclado. Reservar.
CALENTAR la cerveza con la mantequilla un poco, moviendo con la espátula hasta que la mantequilla esté casi derretida.
MEZCLAR con las varillas eléctricas la cerveza y la mantequilla con la nata, la vainilla y los huevos hasta que quede homogéneo.
AÑADIR poco a poco la harina a la mezcla hasta que se incorpore todo bien.
VERTER en el molde previamente engrasado.
HORNEAR durante 1 hora y cuarto.
DEJAR enfriar en el molde durante 10 minutos y desmoldar.
CORTAR la parte superior del bizcocho para que quede plano.
Con el sobrante, desmigajar para utilizar como decoración.
EXTENDER la crema de queso por encima (*véase receta en página 36*).

NOTA: Si no tienes un molde alto, puedes cubrir con papel de horno, previamente engrasado, las paredes del molde de forma que doble su altura. Forrar con papel también la base.

Celebra Halloween con los que más quieres con esta fácil y sorprendente tarta de chocolate y una decoración que los dejará impresionados. Boooquiabiertos.

TARTARAÑA

EQUIPO
Varillas eléctricas
Espátula de goma
Manga pastelera
Molde grande a elegir
(redondo, de cake...)
Bol
Cazo
Palillo

INGREDIENTES
Para el bizcocho
Véase receta en página 24

Para el merengue
3 claras de huevo
165 g de azúcar glas

Para la decoración
2 o 3 cucharadas de merengue
7 g de café instantáneo
2 cucharadas de cacao puro
en polvo

Para el bizcocho
Véase receta en página 24

Para el merengue
BATIR las claras con las varillas eléctricas hasta que se formen picos suaves.
AÑADIR sin dejar de batir el azúcar, poco a poco, hasta que se formen picos firmes y brillantes.

Para la decoración
DILUIR en muy poca cantidad de agua el café instantáneo y el cacao, lo justo para que empape.
INCORPORAR en un bol una parte del merengue, como 2 o 3 cucharadas del mismo, y mezclar bien.
DISPONER la mezcla en una manga pastelera.
EXTENDER el merengue sobre la superficie del bizcocho.
DIBUJAR, con ayuda de la manga pastelera preparada anteriormente, varios círculos concéntricos sobre el merengue. Con ayuda de un palillo (o el mango de un cubierto), hacer suavemente surcos, primero, del centro de la tarta hacia el borde, y luego, del borde hacia el centro, y así sucesivamente.

Prepara a esa persona tan especial una deliciosa tostada francesa, rellena de mascarpone al chocolate blanco. Sírvela con fresas laminadas, frutas del bosque y sirope de arce. 50 sombras es nada.

TOSTADA FRANCESA

EQUIPO
Bol grande
Varillas manuales
Sartén

INGREDIENTES
Pan brioche
2 huevos
150 ml de leche
25 g de azúcar
2 cucharadas de azúcar glas, para espolvorear
1 cucharadita de canela
250 g de mascarpone
90 g de chocolate blanco
Fresas y/o frutas del bosque laminadas, para decorar
Sirope de arce, para servir

2 personas

BATIR bien los huevos, la leche, la canela y el azúcar en un bol grande.
FUNDIR el chocolate blanco en un baño de vapor. Templar.
INCORPORAR el chocolate blanco fundido al mascarpone.
EXTENDER el relleno en el pan brioche y cerrar las rebanadas.
SUMERGIR cada sándwich en la primera mezcla.
CALENTAR 2 cucharadas de mantequilla en una sartén a fuego medio.
TOSTAR cada sándwich por ambos lados, hasta que dore.
REPETIR lo mismo con el resto de tostadas.
SERVIR con fresas laminadas y/o frutas del bosque, azúcar glas y un chorrito de sirope de arce por encima.

Porque no hay nada más navideño que un paisaje de nieve, hemos creado este delicioso tronco de Navidad con una irresistible crema nevada. Una idea cálida para fundir el corazón de los que más quieres. Y dejarlos helados.

TRONCO DE NAVIDAD

EQUIPO
Varillas eléctricas
Espátula de goma
2 boles
Papel de horno o encerado
Bandeja de horno

INGREDIENTES
Para el rulo
6 huevos, separada la yema de la clara
150 g de azúcar glas
60 g de cacao en polvo

Para la crema
335 g de queso (tipo Philadelphia), a temperatura ambiente
225 g de mantequilla, a temperatura ambiente
½ yogur griego
3 cucharaditas de esencia de vainilla (opcional)
600 g de azúcar glas

Para decorar
Grosellas
Pasta de almendras
Colorante verde

PRECALENTAR el horno a 180 °C.
ENGRASAR con mantequilla y forrar con papel de horno una bandeja rectangular d aproximadamente 22 x 32 cm
BATIR con las varillas eléctricas las yemas de los huevos hasta que la mezcla coja cuerpo y quede densa.
AÑADIR el azúcar glas y continuar batiendo hasta que quede una mezcla espesa y homogénea, aproximadamente durante 5 minutos.
INCORPORAR el cacao en polvo y batir hasta que forme parte de la mezcla completamente.
BATIR, en otro bol, las claras de los huevos a punto de nieve hasta que se formen picos suaves.
INCORPORAR, cuidadosamente y con movimientos envolventes, las claras de los huevos a la mezcla anterior.
VERTER la mezcla sobre la bandeja de horno preparada.
HORNEAR durante 20 minutos, hasta que la masa adquiera un aspecto elástico y ligeramente hinchado.
SACAR del horno y dejar enfriar.

Para la crema
BATIR con las varillas eléctricas el queso Philadelphia, la mantequilla, el yogur griego y la vainilla (si se usa) hasta que quede una mezcla aireada y pálida.
INCORPORAR gradualmente el azúcar glas.
MONTAR volcando el bizcocho sobre un papel de horno espolvoreado con azúcar glas y retirar el papel que antes estaba en la base.
EXTENDER una fina capa de la crema en el bizcocho sin llegar completamente a los bordes.
ENROLLAR el bizcocho relleno con la ayuda del papel para formar el tronco.
CUBRIR con el resto de la crema y rastrillar con la ayuda de un tenedor, para que le dé aspecto de tronco.
DECORAR con las grosellas y fabricar una hoja con la pasta de almendras a la que previamente se le ha añadido unas gotas de colorante alimentario verde.

TRONCO NEVADO

Para tener una noche de paz con tanta familia, cenas, compras de última hora... nada mejor que este fabuloso y fácil tronco. Y tocar madera.

PRECALENTAR el horno a 180 °C.
ENGRASAR con mantequilla el molde y forrar la base y paredes con papel de horno, untar con un poco de mantequilla el papel y espolvorear con un poco de harina.
BATIR seis yemas hasta que empiecen a espesar.
AÑADIR el azúcar glas y continuar batiendo hasta que la mezcla espese un poco, para que se incorpore bien a las claras montadas.
AÑADIR removiendo el cacao puro en polvo.
MONTAR las seis claras en un bol aparte hasta que se formen picos suaves.
INCORPORAR las claras a la mezcla de chocolate ayudándote de la espátula de goma con movimientos suaves y envolventes, y verter la mezcla en la bandeja de horno o molde.
HORNEAR a media altura de 20 a 25 minutos (cuanto menos tiempo, más jugoso será el resultado).
RETIRAR del horno y dejar enfriar en la bandeja. Encogerá un poco.

Para el relleno
MONTAR la nata y añadir el azúcar glas.

Para el montaje
VOLCAR el bizcocho sobre un papel de horno espolvoreado con azúcar glas y retirar el papel que antes estaba en la base.
EXTENDER la nata.
ENROLLAR el bizcocho con la ayuda del papel de horno para formar el rulo. No te preocupes si se rompe porque le da un aspecto más casero.
ESPOLVOREAR con azúcar glas.
ENFRIAR un poco en la nevera para que la nata se ponga más firme.

Para el exterior
FUNDIR el chocolate en un baño de vapor.
BATIR la mantequilla hasta que esté suave.
INCORPORAR el azúcar a la mantequilla hasta que quede una mezcla homogénea.
AÑADIR el chocolate fundido y mezclar bien.
EXTENDER la crema sobre el tronco, dándole el grosor deseado, y con ayuda de un tenedor, darle textura de tronco de árbol.
ESPOLVOREAR con azúcar glas y decorar con lascas de chocolate con leche.

Este turrón levanta pasiones a todas horas. Solo unos pocos ingredientes básicos y deliciosos, y ya está. Mejor y más fácil, tus invitados favoritos, vuelven a casa. Por Navidad.

TURRÓN FÁCIL

EQUIPO
Bol
Cazo
Espátula de goma
Molde rectangular de 22 x 9 x 3 cm aproximadamente o similar
Film transparente
Cuchara

INGREDIENTES
Mantequilla, para engrasar
200 g de chocolate negro (70 %)
Cacao de alta calidad
1 cucharada de miel
100 g de mantequilla
125 g de galletas (tipo Digestive), en trozos grandes
100 g de orejones (o higos secos, ciruelas...), cortados en rodajas
100 g de pasas deshuesadas
100 g de frutos rojos secos (o cerezas, fresas, arándanos, moras rojas, frambuesas...)
60 g de avellanas (o almendras, macadamias, nueces...)
Barquillo, en trocitos y azúcar glas (opcional), para decorar

PREPARAR el molde engrasándolo con un poco de mantequilla y forrando las paredes y la base con film transparente de forma que sobre por los lados lo necesario para que envuelva la parte superior.

FUNDIR en un baño de vapor el chocolate, la mantequilla y la miel removiendo de vez en cuando hasta que quede una mezcla lisa y homogénea.

AÑADIR el resto de ingredientes (trozos de galletas, frutas y frutos secos elegidos) y remover con la mezcla de chocolate.

VERTER la mezcla sobre el molde en dos o tres veces, presionando con una cuchara para ir compactando lo máximo posible y que no haya huecos.

ENFRIAR a temperatura ambiente y pasarlo a la nevera para que coja firmeza.

DESMOLDAR tirando suavemente del film transparente.

PRESENTAR con trocitos de barquillo por encima. Admite todo tipo de acabados: cacao en polvo, azúcar glas, almendras laminadas, etc.

AGRADECIMIENTOS

Me cuesta creer que estemos a punto de entregar nuestro segundo libro CHOCOLATE POSMODERNO y llegue el momento de sentarme a dar las gracias, eso que a mí me gusta tanto y que también me asusta por el temor de olvidar a alguien.

Comenzaré por mi familia de origen, a todos, los que están y los que no; a mis padres, a mis hermanos Juanchu, Marina y Mamen, primos, sobrinos y ahijados. Siempre reconforta comprobar que están ahí. A mi familia adquirida, a Deborah, gracias por tu amor que me da tanta vida, a sus padres y a toda su familia por el cariño con el que me han acogido estos años.

Tampoco puedo olvidarme de mi gran familia de amigos, repartidos por todo el mundo, enumerarlos sería complicado, ellos saben quiénes son: os echo de menos.

A mi equipo, que también es mi familia, le doy las gracias por compartir juntos cada jornada; un grupo de personas estupendas, entusiastas y eficientes: A Ana, mi mano derecha en este proyecto y en tantos otros, que pasa de ayudante a maestra con la misma facilidad y brillantez que cambia de fotógrafa a diseñadora, ilustradora o chef; a Belén, responsable de preparación y estilismo de la mayoría de las recetas de este libro, gracias por tu buena disposición y tu sonrisa; a Raúl, por tantos años de entrañable confianza y excelencia; a Sonia, por tu buena actitud y energía positiva en todas las situaciones. A Pablo, Juan Carlos, Cristina, Luisa, Juanjo, Adrián y a todos aquellos que han pasado en estos años por PANCRACIO dejando una huella de amistad y buen hacer, gracias por vuestro trabajo y cariño.

A Pepe, gracias por la estupenda foto de equipo y por tu valiosa amistad.

Al equipo editorial de Grijalbo, comenzando por Teresa Petit, por tu amabilidad, por creer en mí y confiar desde el comienzo en este proyecto. A Rosi Mouzo y Alba Adell, que con vuestra profesionalidad y buen trato todo ha resultado como la seda, y a Alfonso Monteserín y al equipo de prensa por su espléndida labor.

A mi querido amigo Javier de las Muelas por el fabuloso cóctel que nos preparó y por tu eterna generosidad. A la consultora de Retail Premium Internacional, Ana Seguí, por tu pasión por PANCRACIO y amistad. A mi amigo José Luis Terrón, uno de los más brillantes jóvenes abogados de España y mejor persona. A mi querida Carmen Giménez-Cuenca, pionera del coaching *antiaging* y amiga intemporal. A mi amigo Gonzalo Brujó, cuya brillantez y prestigio internacional van mucho más allá del *branding*, gracias por compartirlos con PANCRACIO.

A los periodistas y editores de estilo de vida que siempre nos apoyan y acogen con entusiasmo nuestras novedades: Álvaro, Pepe, Ana, Ana R., Amaya, Susana, Federico, Cayetano, Teresa, Isabela, Marta, Leticia, Beatriz, Loreto y Cristina.

A los magníficos profesionales del mundo del lujo y el prestigio, que me honran con su amistad y comparten amablemente conmigo su saber: Karen Azzimari, Ignacio Osborne, Laura Barbat, Beatriz Goizueta, Susana Campuzano, Javier Goyeneche, Lluis Sans y M. Eugenia Girón.

A mis amigos del campo jurídico, de las finanzas y la consultoría, siempre prestos a echarme una mano con amabilidad, generosidad y buen estilo: Luis Huete, Mario Álvarez, Luis González Besada, Beatriz de Diego, Manolo Luna, Gonzalo Melgarejo, Daniel Romero Abreu, José María Fernández, Paloma Cabello, José Antonio Caballero y Pablo Márquez de Prado.

Por último, quiero agradecer a todos mis maestros lo que me han enseñado de negocios, de la vida y del chocolate, y a todos los que me han enseñado algo aun cuando ni de lejos fuese su intención. Con todos ellos podría completar otro libro, pero no puedo seguir porque tenemos que imprimir este *Chocolate posmoderno,* al que por fin ponemos punto final en los últimos días del espléndido verano de 2016.

PANCRACIO nace de la visión de Pedro Álvarez, un economista experto en marketing, diseñador gráfico y chocohólico. Despúes de crear *packaging* y diseños de productos con gran éxito para otros, siempre andaba con la inquietud de hacer algo propio donde fundir los conocimientos y experiencia adquiridos.

Fue en el Nueva York de mediados de los noventa, en el que Pedro se encontraba tanteando el terreno laboral, donde PANCRACIO empieza a tomar forma como un *coffee bar* de los que allí empezaban a hacer furor. Pedro empezó una intensa preparación que incluía viajes y cursos, trabajando incluso en la famosa Bruno Bakery de Nueva York a las órdenes del chef Biaggio Settepanne.

En 2003, Pedro decide hacer una pequeña producción de sus mejores recetas de turrones y trufas de chocolate para regalar la mayoría a sus amigos, familia y clientes, y vender el resto. El éxito y el entusiasmo despertados fueron rápidos e inesperados.

Así nació PANCRACIO, una marca internacionalmente reconocida, una boutique de lujo de chocolate, té y productos afines de altísima calidad. Todo con un enfoque retro-moderno en cuanto a presentación y recetas. Delicioso.

ÍNDICE DE RECETAS

Idea original y dirección: Pedro Álvarez
Gerencia del proyecto: Raúl Reguera
Coordinación: Ana Morón
Diseño de cubierta e interior: Ideólogo, oficina de diseño y marketing • ideologo.com
Recetas: equipo PANCRACIO • pancracio.com
Preparación y testado de las recetas: Belén Serón y Ana Morón
Fotografía: Ana Morón
Fotografías reproducidas de Chocolate Moderno: Javier Reina
Fotografía de portada: Ana Morón, con la colaboración de Manuel Esteves
Fotografía del equipo: Pepe Martínez
Realización: Penguin Random House

3